Budapest auf einen Blick

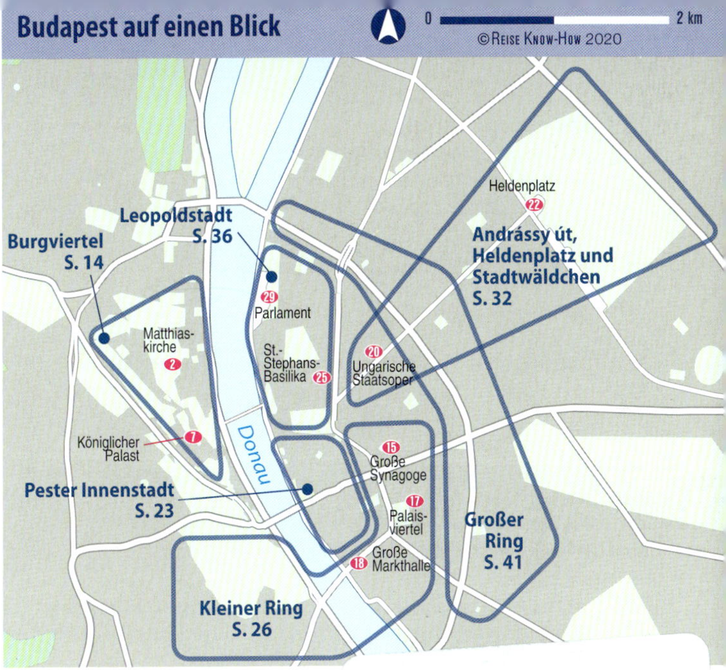

◁ *Herrliche Jugendstiloase: das Gellért-Bad (s. S. 82)*

87 Budapest verstehen

97 Praktische Reisetipps

127 Anhang

Zeichenerklärung

★★★ nicht verpassen
★★ besonders sehenswert
★ wichtig für speziell interessierte Besucher

[A1] Planquadrat im Kartenmaterial. Orte ohne diese Angabe liegen außerhalb der Karten. Ihre Lage kann aber wie die von allen Ortsmarken mithilfe der begleitenden Web-App angezeigt werden (s. S. 136).

Updates zum Buch

www.reise-know-how.de/citytrip/budapest20

Adressen/Telefonnummern

Geläufige Bezeichnungen in **Adressen** sind utca (u., Gasse), út (Straße), tér (Platz) und körút (krt., Ring). Budapester Adressen bestehen aus der Nummer des Stadtbezirks in römischen Ziffern, der Straße und der Hausnummer. Also zum Beispiel: VIII. Baross utca 32.

Festnetznummern sind in diesem Buch stets ohne Vorwahl angegeben. Man wählt als Vorwahl vor der Rufnummer +36 1 für Budapest. **Handynummern** sind hingegen mit Vorwahl angegeben.

Haltestellen

Wenn bei Sehenswürdigkeiten, Geschäften etc. Haltestellen für öffentliche Verkehrsmittel angegeben sind, handelt es sich immer um die **am nächsten gelegene Haltestelle.**

Budapest verfügt über ein sehr engmaschiges ÖPNV-Netz mit vielen verschiedenen Verkehrsmitteln, sodass sich u. U. mehrere Haltestellen im näheren Umkreis befinden.

Atemberaubend ist das Tempo, mit dem in Budapest immer wieder Neues entsteht. So wurde etwa unlängst der Burgbasar (s. S. 95) renoviert. Nun strahlt die Anlage in altem Glanz und wartet zugleich mit modernem Innenleben auf: Wer nicht mit der teuren Standseilbahn oder dem stets überfüllten Bus ins Burgviertel gelangen möchte und den steilen Fußmarsch scheut, kann mit der Rolltreppe hinaufgleiten. Im Gebäude selbst befinden sich ein Café, ein Delikatessengeschäft und Veranstaltungsräume. Auch sonst hat sich einiges getan:

Klassizistischer Garten

Nur knapp konnte eine Bürgerinitiative die Zerstörung des Gartens um das Nationalmuseum (s. S. 28) verhindern. Stattdessen wurde die etwas verwilderte Grünfläche behutsam im Stil des Originals restauriert.

Raum für die Kunst

Jahrelang war es geschlossen, aber jetzt ist es wieder da: Das Museum für Bildende Kunst am Heldenplatz (s. S. 34) hat nach einer umfassenden Renovierung mehr Ausstellungsfläche denn je. Ambitionierte Wechselausstellungen werden dadurch möglich.

Muslimische Oase

Das Grabmal des Derwischs Gül Baba aus dem 16. Jh. war bislang eher ein Geheimtipp, der auch so manchem Budapester unbekannt war. Jetzt ist es frisch renoviert und um ein Museum erweitert worden. Highlight ist der Panoramablick von den neu errichteten Aussichtsplattformen (s. S. 81).

102bp Abb.: mt

Gergely Kispál

CITY|TRIP BUDAPEST

Nicht verpassen!

Karte S. 3

2 Matthiaskirche [B4]
Die markante Kirche vereint mehrere Baustile in sich und kann auf eine bewegte Geschichte zurückblicken (s. S. 15).

7 Königlicher Palast [C5]
Einst Edelresidenz für einen König, heute stadtbildprägendes Multifunktionsgebäude mit Museen, Denkmälern und toller Aussichtsterrasse (s. S. 20).

15 Synagoge in der Dohány utca (Große Synagoge) [F5]
Die größte Synagoge Europas zeigt, wie lebendig jüdisches Leben in Budapest heute wieder ist (s. S. 27).

17 Palaisviertel [F6]
Ein Spaziergang durch die Welt der Aristokratie des 19. Jh. – edle Adelspaläste und geheimnisvolle Innenhöfe säumen die Straßen dieses Viertels abseits der Touristenpfade (s. S. 29).

18 Große Markthalle [E7]
Tausend Farben, Düfte und Geschmäcker – die Große Markthalle ist ein architektonisches Kleinod der Zeit um 1900 und zugleich bevorzugter Einkaufsort der Budapester (s. S. 30).

20 Ungarische Staatsoper [E4]
Im klassischen Musiktempel der Stadt wachen Engel auf einem gewaltigen Fresko darüber, dass die Instrumente des Orchesters stets gut gestimmt sind (s. S. 32).

22 Heldenplatz [cf]
Der riesige Platz besticht durch seine klare Komposition und die Baudenkmäler. Hier kann man die Ursprungsgeschichte Ungarns durch die Brille des romantischen 19. Jh. sehen (s. S. 33).

25 St.-Stephans-Basilika [E4]
Die größte Kirche der Stadt hat Teile der rechten Hand des ungarischen Staatsgründers und eine grandiose Aussicht von der Kuppel zu bieten (s. S. 36).

29 Parlament [D3]
In dem prachtvollen Bau steckt der ganze Stolz der Zeit um 1900, als Budapest zur Großstadt wurde. Bei einer Besichtigung erhält man einen Einblick in die ungarische Volksvertretung (s. S. 39).

39 Szentendre
Das Städtchen vor Budapests Toren ist ein Schmuckkästchen der barocken Architektur. Sieben serbische Kirchen und unzählige Kunstgalerien machen es zu einem lohnenden Ausflugsziel (s. S. 47).

Leichte Orientierung mit dem cleveren Nummernsystem

Die Sehenswürdigkeiten sind im Text und im Kartenmaterial mit derselben **magentafarbenen ovalen Nummer 1** markiert. Alle anderen Lokalitäten wie Geschäfte, Restaurants usw. tragen ein **Symbol und eine fortlaufende rote Nummer** (1). Die Liste aller Orte befindet sich auf S. 138, die Zeichenerklärung auf S. 144.

BUDAPEST ENTDECKEN

Willkommen in Budapest

Besucher, die zum ersten Mal in Budapest sind, wissen manchmal gar nicht, wo sie anfangen sollen: Erst das gemütliche Buda mit dem historischen **Burgviertel** (s. S. 14) und dem Gellért-Berg entdecken oder sich direkt in das großstädtische Getümmel **Pests** (s. S. 23) mit seinen unzähligen Läden, Cafés und Innenhöfen werfen?

Beide Varianten haben ihren Reiz. Dennoch kann es nützlich sein, sich zunächst einen Überblick zu verschaffen, und das geht am besten vom **Gellért-Berg** (s. S. 31) aus. Der 235 Meter hohe Dolomitfelsen ist der höchste Punkt des Stadtzentrums. Von hier aus hat man fast ganz Budapest im Blick: Am rechten Donauufer das Budaer Burgviertel mit dem imposanten Königlichen Palast 7 und dem grazilen Turm der Matthiaskirche 2, dahinter die grüne **Margaretheninsel** [C1] und die Neubausiedlungen im nördlichsten Stadtteil **Óbuda**, dessen Ursprünge bis in die Römerzeit zurückreichen. Gegenüber das Dächergewirr Pests, aus dem zwei markante Kuppeln herausragen: schwarz die der **St.-Stephans-Basilika** 25, rot die des **Parlaments** 29. Beide sind gleich hoch gebaut worden, damit Staat und Kirche sich auf Augenhöhe treffen. Flussabwärts schließlich erblickt man die ehemaligen Industrieviertel, die heute im Zuge des Strukturwandels zwei wichtige Kulturtempel, den **Palast der Künste** (s. S. 46) und das **Nationaltheater** (s. S. 45), beherbergen.

Zwischen den beiden Stadtteilen Buda und Pest fließt die **Donau**, die sowohl trennt als auch verbindet. Bis heute haben die beiden Donauseiten, einst zwei separate Städte, ganz unterschiedliche Charakter und dennoch konnte auch ihre Einheit nur durch den Fluss zustande kommen. Es war die Handelsschifffahrt auf der Donau, die den Aufstieg Budapests zur europäischen Metropole maßgeblich ermöglichte. Frachtschiffe sieht man heute nur noch selten, aber eine **Stadtbesichtigung vom Wasser aus** sollte man sich nicht entgehen lassen (s. S. 115). Die Reedereien bieten Touren in verschiedener Länge und Thematik an.

Ansonsten kann man sich in Budapest gut auf seine Füße verlassen. Sowohl die romantischen, stillen Gassen des Burgviertels als auch die Prachtstraßen der Pester Innenstadt lassen sich am besten per pedes erkunden. So kann man in interessante kleine Läden und geheimnisvolle Innenhöfe hineinschauen, die Stimmung der Großstadt genießen. Wenn einmal größere Distanzen bewältigt werden müssen, steht das effiziente Nahverkehrssystem aus **U-Bahnen, Bussen und Straßenbahnen** zur Verfügung. **Radfahren** wird unter den Einheimischen zwar von Jahr zu Jahr beliebter, aber ohne Ortskenntnis sollte man auf jeden Fall eine geführte Fahrradtour zur Stadtbesichtigung unternehmen (s. S. 115), wenn überhaupt. Am Ende eines ereignisreichen Tages locken dann die Margaretheninsel [C1] oder das Stadtwäldchen (s. S. 32) zur Entspannung.

Vorseite: Ein Besuch in der Staatsoper 20 zählt für viele zu den Highlights eines Budapest-Besuchs

003bp Abb.: mt

Kurztrip nach Budapest

1. Tag

Vormittags: Überblick vom Gellért-Berg

Nach dem Frühstück in der **Großen Markthalle** 18 und einem Rundgang durch das bunte Treiben folgt der Aufstieg auf den 235 Meter hohen Gellért-Berg (s. S. 31). Hier genießt man die leichte Brise und den herrlichen Blick über die Stadt, zählt die **Donaubrücken** und versucht, sich ihre Namen zu merken. Auf der gegenüberliegenden Donauseite kann man unter anderem die **Basilika** 25 und die Markthalle entdecken.

Auf dem Berg selbst bestaunt man die schiere Größe der **Freiheitsstatue**, die von unten gesehen so grazil wirkt, als würde sie schweben, und von der Aussichtsterrasse unterhalb der Zitadelle sieht man auch schon den **Königlichen Palast** 7 im Burgviertel, dem Ziel für den Nachmittag.

Nach einer Verschnaufpause im schönen Park auf der Rückseite des Gellért-Bergs geht es wieder hinunter, am besten in Richtung des Hotels Gellért (XI. Szent Gellért tér 1, [D/E8]), wo man unterwegs noch einen Blick in die **Felsenkirche** des Paulinerordens werfen kann. Wer sich für den Abend den Besuch eines anderen Thermalbades ausgeguckt hat, sollte noch einen Blick in die imposante **Eingangshalle des Gellért-Bades** (s. S. 82) werfen.

Nachmittags: Das historische Buda

Am Nachmittag geht es mit dem Bus, der **Standseilbahn** 6 oder zu Fuß hinauf ins Burgviertel. Auf einem ausgedehnten Rundgang besichtigt man die **Matthiaskirche** 2 und die weitläufige Anlage des **Königlichen Palastes** 7. Von der **Fischerbastei** 3 aus bewundert man das

Die Fischerbastei 3 ist eines der Wahrzeichen des Budaer Burgviertels

Das gibt es nur in Budapest

- ***Heilbäder:*** *Budapest ist die einzige Großstadt der Welt, die als Kurort anerkannt ist. Da schon die Osmanen um die heilende Kraft des hiesigen Wassers wussten, sind mehrere türkische Thermalbäder aus dem 16. Jahrhundert erhalten und in Betrieb. Daneben laden mehrere Bäder aus der Zeit der Jahrhundertwende zum Eintauchen in das wohlig warme Wasser (s. S. 82).*
- ***Abbruchklubs:*** *Baufällige Innenstadthäuser werden kurzerhand zu gemütlichen Gartenlokalen umfunktioniert. Manche halten seit fünfzehn Jahren die Stellung, andere gibt es nur einen Sommer lang (s. S. 70).*
- ***Feuerwerk am 20. August:*** *Am Nationalfeiertag bestaunen bis zu zwei Millionen Menschen (mehr als die Stadt Einwohner hat!) dichtgedrängt am Donauufer das große Feuerwerk zu Ehren der Staatsgründung Ungarns vor über 1000 Jahren.*
- ***Memento Park*** 37*: Ein einzigartiges Freilichtmuseum mit Statuen aus der kommunistischen Ära, die andernorts einfach eingeschmolzen wurden.*

027bp Abb.: mt

tolle Panorama der Pester Seite und kann jetzt gute Fotos machen, da die Sonne am Nachmittag aus der „richtigen" Richtung scheint. Man genießt das geschäftige Treiben auf der **Tárnok utca** 4 ebenso wie die stillen Gassen im hinteren Teil des Burgviertels. Für Kunstinteressierte lohnt sich ein Besuch in der **Nationalgalerie** (s. S. 52), Freunde von Kaffee und Kuchen kehren im **Café Ruszwurm** (s. S. 17) ein. Am besten macht man jedoch beides ...

Abends: Entspannen im Thermalbad

Die vom vielen Auf und Ab müde gewordenen Beine können sich in einem der historischen Thermalbäder (s. S. 82) so richtig erholen. Ob türkisch im **Rudas**, im **Király** oder im **Veli Bej**, Jugendstil im **Gellért** oder klassizistisch im **Széchenyi**: Jedes der Budapester Bäder hat seinen ganz eigenen Charakter.

2. Tag

Vormittags: In der Pester Innenstadt

Nach dem Frühstück in einem der vielen Cafés beginnt der Tag mit einem Spaziergang auf der lebhaften Flaniermeile **Donaukorso.** Von hier genießt man die Ansicht des Burgviertels mit der Matthiaskirche, der Fischerbastei und dem Königlichen Palast. Wer sich für historische Kirchenbauten interessiert, kann den Gotteshäusern der Innenstadt, besonders der **Innerstädtischen Pfarrkirche** 9 und der **Universitätskirche** 12, einen Besuch abstatten. Auf jeden Fall sollten aber die **St.-Ste-**

◁ *Monumental – im Memento Park* 37 *lassen sich die Zeugen einer vergangenen Zeit bestaunen*

phans-Basilika 25 und der weitläufige **Szabadság tér** 26 auf dem Programm stehen. Für diejenigen, die eine Eintrittskarte für die **Besichtigung des Parlaments** 29 um 10 Uhr bekommen haben, steht zunächst dies an. Auf keinen Fall versäumen sollte man aber das **Holocaust-Mahnmal** 30 mit den Schuhen am Donauufer zwischen Parlament und Kettenbrücke.

Nachmittags: Die goldenen Jahrzehnte Pests

Der Nachmittag beginnt mit einer Besichtigung der **Großen Synagoge** 15. Anschließend bummelt man durch die Gassen des historischen jüdischen Viertels und entdeckt hier die Läden von alteingesessenen Handwerkern und trendigen Designern. Über die angesagte Kazinczy utca [F5] und ihre Verlängerung, die Székely Mihály utca, erreicht man die prächtige **Andrássy út** (s. S. 32), an deren nächster Ecke schon die **Staatsoper** 20 folgt. Man flaniert den von Bäumen beschatteten Boulevard entlang, bestaunt die Auslagen der hier ansässigen Luxusläden und kehrt in einem der Restaurants ein.

Am Platz „Oktogon" besteigt man die historische **Unterpflasterbahn** (s. S. 33) und fährt hinaus zum **Heldenplatz** 22. Nach der Besichtigung des beeindruckenden Platzes mit seinen Monumenten schaut man sich noch die **Burg Vajdahunyad** 23 und – falls man es nicht schon vom Badeerlebnis des Vorabends her kennt – das direkt gegenüber gelegene **Széchenyi-Bad** (s. S. 83) an. Mit der U-Bahn geht es zurück ins Stadtzentrum. Wer die Nachmittagsführung um 15 Uhr im Parlament 29 gebucht hat, dreht das Programm des Vor- und des Nachmittags einfach um.

Abends: Kultur hautnah

Für die Abendgestaltung ist der Besuch einer Vorstellung im auch von innen sehr sehenswerten **Opernhaus** 20 eine tolle Möglichkeit. Ansonsten bietet Budapest von Klassik bis Punkrock für jeden Musikgeschmack etwas. Und ob erste Geige oder drei Akkorde: Die **Abbruchklubs** (s. S. 70) sind der ideale Tagesausklang für jedes Publikum.

Vom Gellért-Berg aus (s. S. 31) bekommt man ein gutes Gefühl für die Größe Budapests

055bp Abb.: mt

Stadtspaziergang

Der klassische **Stadtspaziergang** durch den Stadtteil Buda auf der rechten Donauseite beginnt bei der gotischen **Matthiaskirche** 2. Nach einem Blick von der **Fischerbastei** 3 hinüber auf die Pester Seite geht es über die belebte **Tárnok utca** 4 mit ihren Barockhäusern zum **Szent György tér** 5. Von dem ehemals von prächtigen Adelspalästen gesäumten Platz sind es nur noch ein paar Schritte zum barocken **Königlichen Palast** 7. Nach dem wunderbaren Blick von der Burgterrasse geht es entweder zu Fuß oder mit der **Standseilbahn** 6 hinab zum Clark Ádám tér [C5] am Fuß des Burghügels. Auf der gegenüberliegenden Seite der berühmten Kettenbrücke liegt der **Széchenyi István tér** 24, Ausgangspunkt des Stadtspaziergangs auf Pester Seite. Wer hingegen das eindrückliche Stadtpanorama vom Gellért-Berg (s. S. 31) aus genießen möchte, fährt vom Clark Ádám tér aus mit der Straßenbahnlinie 19/41 zwei Haltestellen bis zum Hotel Gellért. Dort beginnt der Fußweg hoch zur **Freiheitsstatue.** Die Frauengestalt mit dem Palmzweig in den Händen wurde 1947 aus Anlass des Kriegsendes auf dem Berggipfel aufgestellt.

Auf der Pester Seite startet man am besten am **Széchenyi István tér** 24. Auf der Flaniermeile Donaukorso geht es an großen Hotelbauten und der im romantischen Stil erbauten **Redoute** 8 vorbei. Von hier genießt man den Ausblick auf das Budaer Burgviertel. Nach einem Abstecher in die besonders sehenswerte **Innerstädtische Pfarrkirche** 9 mit ihren gotischen und osmanischen Elementen geht es über den „neuen“ Teil der Váci utca mit der barocken **St.-Michaels-Kirche** 10 zur **Großen Markthalle** 18. Wer sich nach der Besichtigung schweren Herzens vom quirligen Markttreiben und den vielen bunten Farben losreißen kann, nimmt den Kleinen Ring (s. S. 26) in Richtung Deák Ferenc tér. Rechter Hand befindet sich der imposante Bau des **Nationalmuseums** 16, dahinter lohnt sich ein Abstecher ins verwunschene **Palaisviertel** 17, das heute von einer interessanten Mischung aus alteingesessenen Mietern und trendigen jungen Großstädtern bewohnt wird. Von der Kreuzung „Astoria“ aus, die den Namen des auf der Ecke Kleiner Ring/Kossuth Lajos utca befindlichen Hotels trägt, sieht man schon die beiden Zwiebeltürme der **Großen Synagoge** 15, dem Zentrum des jüdischen Budapest. Über die Wesselényi utca und die trendige Kazinczy utca geht es hinaus zur Andrássy út und zur prächtigen **Staatsoper** 20. Das 1884 eröffnete Haus gehört zu den schönsten Beispielen der historistischen Architektur in Europa. Dahinter erreicht man links über die Lázár utca die größte Kirche Budapests, die **St.-Stephans-Basilika** 25. Der monumentale Kirchenbau besticht mit seinem wohlproportionierten Innenraum und einem tollen Ausblick von der Kuppel. Von hier aus führt der Weg über die Zrínyi utca zurück zum Széchenyi István tér oder durch die Leopoldstadt weiter zum **Parlament** 29.

Routenverlauf im Stadtplan

Der hier beschriebene Spaziergang ist mit einer farbigen Linie im Stadtplan eingezeichnet.

Abseits der Hauptstraßen

Wer es ruhiger mag, sollte sich im südlichen Teil der Innenstadt in den Parallelstraßen der Váci utca umsehen. Besonders gemütlich ist es in der engen **Magyar utca** [F6] und der **Bástya utca** [F7], die exakt dem Verlauf der ehemaligen Stadtmauer folgen. Hier merkt man fast nichts vom Verkehr auf dem Kleinen Ring, der sich nur einen Häuserblock entfernt befindet.

Zwischen **Kálvin tér** [F7] und **Mikszáth Kálmán tér** [G7] finden sich einige schöne, alternative Läden mit Kleidung und allerlei Krimskrams. Auf der anderen Seite der vielbefahrenen Rákóczi út [F6/G5] liegt das **historische jüdische Viertel.** Aus dem ehemaligen Stammbezirk der Pester Juden und späteren Getto ist in den vergangenen Jahren der angesagteste Stadtteil Budapests geworden. Unzählige Kneipen, Klubs und Geschäfte sorgen dafür, dass hier immer etwas los ist. Dennoch ist auch das klassische Pester Flair bis heute erhalten geblieben, in der Kazinczy utca existieren der angesagte Abbruchklub Szimpla Kert (s. S. 70) und eine traditionelle Mikwe friedlich nebeneinander. Auch sonst lassen sich viele jüdische Elemente im Straßenbild entdecken, wenn man mit offenen Augen durch das Viertel geht. Ein echter Tipp ist beispielsweise die **orthodoxe Synagoge** in der Kazinczy utca 29–31 [F5]. Das eigentlich unscheinbare Gebäude offenbart bei näherem Hinsehen auf seiner Fassade spannende Jugendstil-Elemente. Der bunt dekorierte, quadratisch angelegte Innenraum ist das Gegenstück zu der eher feierlich anmutenden **Großen Synagoge** ⑮.

006bp Abb.: mt

⌃ *Die gemütliche Flaniermeile am Pester Flussufer wird Donaukorso genannt*

Burgviertel (Budai vár)

Das Burgviertel ist der älteste erhaltene Stadtteil von Budapest und das touristische Zentrum der Stadt. Als Keimzelle des ehemals selbstständigen Buda thront „die Burg", wie die Budapester sagen, auf einem 60 Meter hohen Hügel hoch über der Donau.

Die Karriere des Burghügels begann 1243. Nachdem das mongolische Heer von Batu Khan zwei Jahre zuvor Ungarn verwüstet hatte, ließ der damalige ungarische **König Béla IV.** aus Sorge vor einem neuerlichen Angriff der Mongolen eine Kette von Steinfestungen entlang der Donau bauen. Eine davon war **Buda.** Um diese erste Burg herum entwickelte sich eine Siedlung, die bald zu einer der bedeutendsten Städte des Landes wurde. Einen nicht unerheblichen Anteil daran hatten deutsche Siedler, die der König ins Land geholt hatte. Bis weit ins 19. Jahrhundert hinein war Buda vornehmlich deutschsprachig.

Unter **König Sigismund von Luxemburg** (1387–1437) wurde Buda zu Beginn des 15. Jahrhunderts endgültig die offizielle Hauptstadt Ungarns. Sigismund war auf dem Höhepunkt seiner Karriere in Personalunion König von Ungarn, römisch-deutscher Kaiser und König von Böhmen, und damit der mächtigste Herrscher seiner Zeit. Entsprechend ließ er seinen bevorzugten Aufenthaltsort Buda in großem Stil ausbauen, was durch seinen Nachfolger **Matthias Corvinus** (1450–1490) fortgesetzt wurde. In dieser Zeit entstanden die Matthiaskirche 2 und ein prächtiger Palast im gotischen Stil, der nicht mehr erhalten ist. Buda war damals eines der kulturellen Zentren Europas.

In den späteren Jahrhunderten war Buda als Hauptstadt einer europäischen Mittelmacht ein häufiges Ziel von Angriffen. 1541 wurde die Stadt von der Armee des **Osmanischen Reichs** erobert und blieb für 145 Jahre unter dessen Herrschaft. Im Zuge der Rückeroberung 1686 kamen die **österreichischen Habsburger** an die Macht und blieben es bis 1918. Im Königlichen Palast 7 residierte der Statthalter (Palatin) des Kaisers.

1872 wurde Buda mit Óbuda und Pest zum heutigen **Budapest** zusammengelegt. Gegenüber dem quirligen, mondänen Pest verlor das eher beschauliche Buda zunehmend an Bedeutung und ist heute vor allem ein **Wohngebiet.** Das gilt auch für das Burgviertel: Obwohl ein Touristenmagnet, ist das alte Buda kein Freilichtmuseum. Bis heute werden die meisten Häuser bewohnt. Besucher schätzen die für eine Großstadt angenehm ruhige Atmosphäre und das gut erhaltene, einheitlich barocke Straßenbild. Das Burgviertel, insbesondere der Teil zwischen Matthiaskirche und Wiener Tor, ist ein wunderbarer Ort, um einfach spazierenzugehen, kleine Gassen und versteckte Winkel zu erkunden und im Schatten der alten Gemäuer die Seele baumeln zu lassen. Seit 1987 gehört das Burgviertel zum UNESCO-Weltkulturerbe.

EXTRATIPP

Deutschsprachiger Gottesdienst

Im Pfarrhaus links hinter der evangelischen Kirche am Wiener Tor (I. Táncsics Mihály u. 28 [A3–B4]) feiert sonntags um 10 Uhr die deutschsprachige evangelische Gemeinde ihren Gottesdienst, zu dem auch Besucher herzlich willkommen sind.

1 Turm der Maria-Magdalenen-Kirche ★★ [A3]

Die Maria-Magdalenen-Kirche wurde Mitte des 13. Jh. errichtet und später im **gotischen Stil** erweitert. Ursprünglich war sie die Kirche der ungarischsprachigen Bevölkerung des Burgviertels, während die Matthiaskirche der zahlenmäßig größeren deutschsprachigen Gemeinde vorbehalten war. Nach der Eroberung Budas durch die Osmanen durften die Christen die Kirche behalten, während die Matthiaskirche als Moschee diente. In dieser Periode nutzten die Katholiken den Chor, die kurz zuvor gegründete protestantische Gemeinde das Kirchenschiff. Beim Sturm auf Buda 1686 wurde die Kirche schwer beschädigt, lediglich der **Turm** blieb unversehrt. Die neuen Eigentümer, die Franziskaner, bauten eine neue, barocke Kirche, die im Zweiten Weltkrieg zerstört wurde. Nur der Turm blieb wiederum stehen. Heute ist der einsame Kirchturm ein eindrückliches Mahnmal und Aussichtspunkt. Ein nachträglich angebrachtes Fenster im gotischen Stil lässt die einstige Größe der Kirche erahnen. Im hinteren Teil des einstigen Kirchenschiffs ist eine bronzene Replik des **Krönungsmantels der ungarischen Könige** zu sehen. (Das Original ist im Nationalmuseum 16 ausgestellt.) Die stimmungsvolle Országház utca führt von hier aus zur Matthiaskirche 2.

› **Mária Magdolna-templom tornya,** I. Kapisztrán tér 6, Bus 16 Kapisztrán tér (in Richtung Deák Ferenc tér) bzw. Bécsi kapu tér (in Richtung Széll Kálmán tér), www.budatower.hu, Turm mit Panoramablick tgl. 10–18 Uhr (Jan./Feb. nur Sa./So.), Eintritt: 1500 Ft, ermäßigt 900 Ft, unter 14 Jahren 300 Ft, Kirchenruine ganztägig frei

100bp Abb.: gk

2 Matthiaskirche ★★★ [B4]

Die Matthiaskirche ist eines der Wahrzeichen Budapests und der 72 Meter hohe gotische Turm bestimmt die Silhouette des Burgviertels. Zugleich ist die Kirche ein anschauliches Beispiel dafür, wie sich Baudenkmäler im Lauf der Zeit verändern und eine ganz eigene Dynamik entwickeln.

Die erste Kirche an diesem Standort soll bereits im 11. Jahrhundert existiert haben und Experten vermuten sogar einen römischen Tempel auf dem Hügel hoch oben über der Donau. Sicher ist jedoch, dass man im Zuge der Besiedlung des Burghügels ab 1243 eine neue Kirche für die frisch angesiedelte **deutschsprachige Bevölkerung** errichtete. Sie wurde in den folgenden Jahrhunderten immer wieder erweitert, besonders unter den Köni-

Die Matthiaskirche ist eines der wenigen gotischen Baudenkmäler Budapests

gen **Sigismund von Luxemburg**, der den Bau im damals modischen, aus den deutschen Ländern importierten spätgotischen Stil umgestalten ließ (man denke an den Kölner Dom oder an Kirchen in Nürnberg), sowie **Matthias Corvinus**, der 1470 den charakteristischen **Südturm** anfügen ließ. Geld hatte er offenbar nur für einen Turm, denn die Kirche ist eigentlich zweitürmig. Beim Blick auf das Hauptportal erkennt man links den eckigen, gedrungenen Nordturm, der kaum höher als das Kirchenschiff ist; er stammt noch aus dem 13. Jahrhundert.

Dennoch waren Matthias Corvinus' Umbauarbeiten so bedeutend, dass die Kirche seither zumindest inoffiziell seinen Namen trägt. Auf dem Papier heißt sie hingegen **Liebfrauenkirche**, wobei praktisch keiner sie unter dieser Bezeichnung kennt.

Nach der Einnahme Budas durch die Osmanen wurde die Kirche zur **Moschee** umfunktioniert. Die Christen mussten in die Maria-Magdalenen-Kirche ❶ ausweichen.

Nach der Rückeroberung Budas geriet Ungarn unter die Herrschaft der Habsburger, die eine intensive **Rekatholisierung** betrieben. Dazu gehörte die Verbreitung des Barockstils, der als besonders „katholisch" galt. Die Matthiaskirche wurde entsprechend umgebaut und reich verziert.

Im 19. Jahrhundert schließlich besann man sich auf das „Original". Zwischen 1874 und 1896 bemühte sich der Architekt **Frigyes Schulek** um die Wiederherstellung des **ursprünglichen Bauzustands.** Schulek ließ zunächst die barocken Dekorationen entfernen und entkernte den Bau bis auf die Grundmauern. Was er nicht restaurieren oder nachbauen konnte, erfand er einfach neu, so etwa das **Portal** über dem Südeingang, durch den man heute die Kirche betritt. Auf Schulek geht auch das **bunte Dach** mit den zur Jahrhundertwende äußerst modischen Ziegeln aus Zsolnay-Pyrogranit zurück. Und der Architekt zeigte auch Humor: Auf den kleinen Türmen über dem Kirchendach thronen zwei Rabenfiguren mit einem Ring im Schnabel – das Wappentier des Matthias Corvinus.

Insgesamt besteht die Kirche also aus einer **wilden Mischung** aus teilweise erhaltener und teilweise restaurierter Früh- und Spätgotik, verquickt mit imitierter (Neo-)Gotik und dem ganz eigenen Stil eines fantasievollen Architekten. Der Plan, die Kirche wieder in ihren „Originalzustand" zu versetzen, ist also gründlich misslungen. Dafür ist die Budapester Stadtlandschaft um ein absolutes Unikat reicher geworden.

Der Stilmix setzt sich im **Innenraum** fort. Frigyes Schulek schuf auf Grundlage mittelalterlicher Wandmalerei, des zu seiner Zeit aufkeimenden Jugendstils sowie ungarischer Folkloremotive **individuelle Muster**, mit denen er Wände und Säulen bemalen ließ (man beachte beispielsweise die Herzformen auf einigen der Säulen). Im mittleren Fenster auf der Südsei-

EXTRAINFO

Farbenfroh und solide

Ein echter Hingucker im Budapester Stadtbild sind die **bunten Dächer vieler Gebäude**, wie etwa die der Matthiaskirche ❷ oder der Großen Markthalle ⓲. Das keramische Material, mit dem die Dachziegel glasiert sind, heißt **Pyrogranit** und wurde in den 1880er-Jahren in der Porzellanmanufaktur Zsolnay in Pécs (Südungarn) entwickelt. Das farbenfrohe und obendrein sehr beständige Pyrogranit kam schnell in ganz Europa in Mode.

te erkennen aufmerksame Beobachter das bayerische Wappen mit den weiß-blauen Rauten. Es steht für **Kaiserin und Königin Elisabeth („Sissi“)**, die aus Bayern stammte. Nach dem „Ausgleich“ zwischen dem österreichischen Kaiserhaus und Ungarn wurden **Kaiser Franz Josef** und seine Frau Elisabeth 1867 in der Matthiaskirche zu König und Königin Ungarns gekrönt.

Auch der **Hochaltar** ist ein Werk des vielseitig talentierten Architekten Schulek. Wer genau hinschaut, entdeckt über dem Kopf der Marienstatue eine Kopie der ungarischen Krone. Sie wurde zur 1000-Jahr-Feier der Staatsgründung Ungarns im Jahr 2000 mit einer Sondererlaubnis des Vatikan dort angebracht und soll daran erinnern, dass die Staatsgründung und die Annahme des Christentums Hand in Hand gingen. Dazu passend steht auf dem Platz zwischen Matthiaskirche und Fischerbastei ❸ ein **Reiterstandbild des Staatsgründers St. Stephan.** Der Entwurf für den Sockel der Statue stammt – wie könnte es anders sein – von Frigyes Schulek. Der umtriebige Architekt stand übrigens für die knieende Figur mit dem Kirchenmodell in der Hand auf dem rückwärtigen Relief selbst Modell.

› **Mátyás-templom**, I. Szentháromság tér, Bus 16 Szentháromság tér, www.matyas-templom.hu, geöffnet: Mo.–Fr. 9–17 Uhr, Sa. 9–12 Uhr, So. 13–17 Uhr, Eintritt: 1800 Ft, Kinder ab 6 Jahren und Rentner 1200 Ft. Für den Turmaufstieg (Start jeweils zur vollen Stunde zwischen 10 und 17 Uhr) ist ein zusätzliches Ticket erforderlich (Preise identisch).

KLEINE PAUSE

Café Ruszwurm

Das original erhaltene Biedermeierinterieur des Café Ruszwurm ist der ideale Ort für eine Pause auf dem Rundgang durch das Burgviertel. Aber nicht ärgern, wenn gerade kein Platz frei ist: Das Ruszwurm ist nicht viel größer als ein Wohnzimmer.

1 [B4] **Café Ruszwurm,** I. Szentháromság u. 7, Bus 16 Szentháromság tér, Tel. 3755284, www.ruszwurm.hu, tägl. 9–19 Uhr (im Winterhalbjahr nur bis 18 Uhr)

030bp Abb.: mt

❸ Fischerbastei ★★ [B4]

Auch die von 1899 bis 1902 erbaute Fischerbastei ist ein Werk von Frigyes Schulek. Nach dem Umbau der Matthiaskirche ❷ wollte man eine Lösung für das dahinter liegende Gelände mit seiner schmucklosen Wehrmauer aus Backstein finden. Schulek ersann eine 140 Meter lange **Pseudo-Festungsanlage,** die mit ihren verspielten Treppen und Türmchen die prächtige Matthiaskirche umschließt.

Die Fischerbastei erfüllte zu keiner Zeit eine militärische Funktion, sondern diente immer schon dazu, was man auch heute noch auf ihr tut: hinaufsteigen und das unvergleichliche Panorama von Pest und der Donau genießen. Wer von hier aus **Fotos** machen möchte, sollte am Nachmittag kommen, da sonst die Sonne von vorne scheint.

Ihren Namen erhielt die Fischerbastei von der **Zunft der Fischer:** Im Mittelalter befand sich auf dem Platz um die Kirche der Fischmarkt und im Verteidigungsfall waren die Fischer für den dahinter liegenden Abschnitt der Burgmauer zuständig. Die **sieben Türmchen** symbolisieren die sieben magyarischen Stämme, die Ende des 9. Jahrhunderts in das Karpatenbecken eindrangen.

› **Halászbástya,** I. Szentháromság tér, Bus 16 Szentháromság tér, geöffnet: rund um die Uhr, Zugang obere Terrasse: 9–20 Uhr (Mitte Oktober– Ende April bis 19 Uhr), Eintritt: 1000 Ft, erm. 500 Ft

4 Tárnok utca ★★ [B4]

Die breite Tárnok utca, die den Szentháromság tér mit dem Dísz tér verbindet, ist die **Hauptstraße des Burgviertels.** In früheren Zeiten diente sie auch als Standfläche für den Wochenmarkt und hieß entsprechend „Straße der Händler".

Das erste auffällige Gebäude steht an der Ecke Szentháromság tér/ Szentháromság utca, schräg gegenüber der Matthiaskirche 2. Es ist das 1710 erbaute ehemalige **Rathaus von Buda.** Besonders auffällig sind der Glockenturm und der prächtige Eckerker. Unter Letzterem sitzt eine Statue von Pallas Athene, der griechischen Schutzgöttin der Städte. Mit der Vereinigung von Buda, Óbuda und Pest 1872 verlor das Rathaus seine Funktion, da die Verwaltung der vereinigten Stadt im größeren Pest angesiedelt wurde. Heute dient es als Forschungsstätte für ausländische Gastdozenten.

In der Tárnok utca spürt man den Charme vergangener Jahrhunderte

031bp Abb.: mt

Einen seltenen Anblick im 1686 völlig zerstörten Burgviertel bieten die beiden **gotischen Häuser** in der Tárnok utca (Nr. 14 und 16). Sie stammen ursprünglich noch aus der Zeit vor der osmanischen Besatzung und wurden nach dem Zweiten Weltkrieg in diesem Zustand wiederhergestellt. Bei dem **weißen Haus (Nr. 16)** sieht man sehr schön, wie die alten Wohnhäuser des Burgviertels im Laufe der Jahrhunderte immer wieder weiterentwickelt wurden: Über dem Eingang der Gaststätte „Arany Hordó" erkennt man graue Steine in Form eines „L". Dabei handelt es sich um einen ehemaligen mittelalterlichen Fensterrahmen, der bei einer späteren Gebäuderekonstruktion einfach in die neue Mauer integriert wurde. Bei Spaziergängen im Viertel lassen sich an vielen Stellen ähnliche „Reste" früherer Bauphasen entdecken. Am **Haus Nr. 14** wiederum sieht man, wie farbenprächtig früher die Fassaden der Budaer Häuser bemalt waren. Heute ist es das einzige Gebäude, das noch in dieser Weise verziert ist.

› Bus 16 Szentháromság tér oder Dísz tér

5 Szent György tér ★ [B5]

Beim Anblick der Rasenfläche zwischen dem Dísz tér und dem Königlichen Palast 7 kann man sich nur schwer vorstellen, dass an diesem Platz einst **prächtige Repräsentationsgebäude** standen. Erhalten ist nur noch die **ehemalige Armeekommandantur** an der Nordseite des Platzes. Als Mahnmal wurden die Einschusslöcher aus dem Zweiten Weltkrieg bei der Renovierung der Fassade erhalten. Das vierstöckige Gebäude des Kriegsministeriums, das dahinter stand, sowie das Palais der Grafen Teleki und die etwas unterhalb liegenden königlichen Reitanlagen wurden allesamt im Zweiten Weltkrieg zerstört. Der Platz wird vom Gebäude des **ehemaligen Karmeliterklosters** beherrscht, das den Sitz des Ministerpräsidialamtes beherbergt.

Das kleinere Gebäude rechts neben dem ehemaligen Kloster ist das **Sándor-Palais.** 1806 für den Grafen Vince Sándor erbaut, der dem im Königlichen Palast residierenden Statthalter des Kaisers wohl besonders nahe sein wollte, dient es seit 2003 als Amtssitz des ungarischen Präsidenten (der ähnlich wie die Bundespräsidenten Deutschlands und Österreichs vorwiegend repräsentative Funktionen innehat). Besonders sehenswert sind die gusseisernen Säulen, die die Terrassen der ersten Etage tragen. Sie sind von der Seite, von der Bergstation der Standseilbahn 6 aus, sichtbar.

Auf der gegenüberliegenden **Westseite** des Szent György tér sind die Überreste der alten Burgmauer und der einst den Platz säumenden Gebäude zu sehen. Benannt ist er übrigens nach der 1686 zerstörten St.-Georgs-Kirche, die einst in seiner Mitte stand. Die Lage der Grundmauern ist auf der Rasenfläche angedeutet. Für den Szent György tér liegen groß angelegte Pläne in den Schubladen verschiedener Architekten und Ministerien. Obwohl noch nichts entschieden ist, wird er möglicherweise in einigen Jahren nicht mehr wiederzuerkennen sein. Als vorerst einziges neues Element ist eine Statue des ehemaligen **Ministerpräsidenten István Bethlen** (1921–1931) an der Westseite der Rasenfläche zu sehen.

› Bus 16 Dísz tér

6 Standseilbahn ★★ [B5]

Zwischen Sándor-Palais und Burgterrasse befindet sich die **Bergstation** der Standseilbahn. Die Bahn wurde 1870 als weltweit zweite solche Konstruktion eröffnet (die erste fährt bis heute in Lyon), ursprünglich für die im Burgviertel Beschäftigten, die bis dahin mühsam zu Fuß hochsteigen mussten. Doch auch Besucher begannen, das ungewöhnliche Verkehrsmittel für sich zu entdecken: Bereits 1873 wurden 1,5 Millionen Fahrgäste befördert, eineinhalbmal so viele wie heute.

Im **Zweiten Weltkrieg** wurde die Standseilbahn schwer beschädigt, ihre Trümmer abgetragen. Erst 1986 rekonstruiert, ist sie heute das beliebteste Verkehrsmittel, um ins Burgviertel zu gelangen. Aus den stufenförmig konstruierten Wagen bietet sich ein tolles Panorama. Obwohl die Bahn den Budapester Verkehrsbetrieben

032bp Abb.: fo © cesar

gehört, gelten die normalen Fahrscheine und Zeitkarten hier nicht.

› **Budavári Sikló**, Bergstation: Bus 16 Dísz tér, Talstation: Straßenbahn 19/41, Bus 16 und 105 Clark Ádám tér, Verkehrszeiten: tägl. 7.30–22 Uhr, einfache Fahrt 1200 Ft, hin und zurück 1800 Ft (für Kinder von 3–14 Jahren 700/1100 Ft)

7 Königlicher Palast ★★★ [C5]

Der Königliche Palast (Királyi palota) ist ein bestimmendes Element des Budapester Stadtbildes. Die weitläufige Anlage beherbergt zwei Museen, die Nationalbibliothek sowie zahlreiche Denkmäler und eine herrliche Aussichtsterrasse.

An der Stelle des heutigen Palastes, ganz an der Südspitze des Burghügels, ließen die ungarischen Könige bereits ab Beginn des 14. Jahrhunderts ihre Residenzen errichten. Legendär sind die Paläste der mächtigen Herrscher Sigismund von Luxemburg und Matthias Corvinus. Zeitgenössische Quellen berichten unter anderem bewundernd von einem 70x20 Meter großen Festsaal im Stil der Renaissance. Von diesen Bauten ist heute nichts mehr übrig. Zunächst verfielen sie in der Zeit der osmanischen Besatzung, in der sie als Munitionslager genutzt wurden. 1578 genügte ein Blitzschlag, um einen Großteil der Anlage in die Luft zu jagen. Den Rest gab ihm die Rückeroberung Budas 1686.

Unter der Herrschaft von **Kaiserin Maria Theresia** wurde zwischen 1749 und 1770 ein repräsentativer Barockpalast erbaut. Da die österreichischen Kaiser natürlich in Wien residierten, wurde der schon damals „Königlicher Palast" genannte Bau nicht als solcher genutzt, sondern diente zunächst als Kloster und Universität. Erst ab 1789 residierte der Statthalter der Habsburger, der sogenannte Palatin, im Palast.

Ende des 19. Jahrhunderts wurde das Gebäude wesentlich erweitert und erhielt seinen heutigen Grundriss. Es wurde komplett für die königliche Familie eingerichtet, die es jedoch nur selten nutzte. Im Zwei-

⌃ Mit der Standseilbahn kommt man bequem ins Burgviertel

› Prinz Eugen kommandiert seine Truppen vor der Palastkuppel

ten Weltkrieg wurde es schwer beschädigt, das prächtige Interieur ging komplett verloren. Beim Wiederaufbau verzichtete man auf eine originalgetreue Rekonstruktion, sondern schuf eine **neobarocke Fassade**, die so zuvor nie existiert hat, und baute im Innern funktionale Räume.

Vom Szent György tér kommend, passiert man zunächst eine Art halben Torbogen, eine zeitgenössische Interpretation des sogenannten **Bettlertors.** In früheren Zeiten standen hier die Bettler, die auf Almosen von den hinein- und hinausgehenden Angehörigen des Hofes hofften. Oben auf dem Bogen sitzt der schon von der Matthiaskirche 2 bekannte Rabe mit dem Ring im Schnabel, das Wappentier des Renaissancekönigs Matthias Corvinus. Nun steht man im sogenannten Hunyadi-Hof, dem Vorplatz des eigentlichen Palastes. Linker Hand stehen die zu Beginn des 20. Jahrhunderts erbauten **Flügel A und B** des Palastes, die heute Ausstellungsräume der **Nationalgalerie** beherbergen. Davor kämpft ein Knecht mit seinem Pferd: Die Statue stand ursprünglich vor dem gegenüberliegenden königlichen Stallgebäude, das nach Kriegszerstörungen und späterem Abriss 2019 wieder aufgebaut wurde. Auch Pferde sollen hier wieder gehalten werden. Die Nationalgalerie bietet einen umfassenden Überblick über die Kunstgeschichte Ungarns von gotischen Flügelaltären über barocke Kunst bis hin zur Malerei des 19. und 20. Jahrhunderts. Da ungarische Künstler bislang im Ausland – oft zu Unrecht – nicht sehr bekannt sind, können Kunstfreunde hier viel Spannendes entdecken. Besonders interessant sind die Werke von Mihály Munkácsy, Gyula Benczúr und József Rippl-Rónai sowie die außergewöhnlichen Farb- und Formkompositionen von Tivadar Csontváry Kosztka. Mit der Eintrittskarte für das Museum kann übrigens auch die imposante Kuppel mit ihrem herrlichen Panoramablick bestiegen werden.

Sollte das im Stadtwäldchen (s. S. 32) geplante, umstrittene Museumsviertel tatsächlich entstehen, wird die Nationalgalerie den Palast verlassen und dorthin umziehen.

Weiter vorne im Hof plätschert ein Brunnen. Die Statuen des künstlichen Wasserfalls stellen König **Matthias Corvinus und seine Gefolgschaft bei der Jagd** dar. Das romantisch-kitschige Denkmal zeigt oben den König, darunter seine Jagdgehilfen. Links sitzt sein italienischer Chronist Galeotto Marzio mit einem Falken auf der Hand, rechts die poetische Gestalt Szép Ilonka („Die schöne Ilonka"), ein Mädchen von niederem Stand, das sich auf einer Jagd in den verkleideten König verliebt haben soll. Man beachte außerdem die mit einer unwahrscheinlichen Liebe zum Detail abgebildeten Tiere.

Von hier aus hat man die Wahl: Geradeaus gelangt man durch das Löwentor in den quadratischen Innenhof der Palastanlage. Linker Hand befindet sich das Hauptgebäude der Nationalgalerie, in dem Palastflügel rechts residiert die **Széchényi-Nationalbibliothek.** Die Bibliothek soll in den kommenden Jahren in eine ehemalige Kaserne neben dem Museum für Angewandte Kunst 34 umziehen.

Der Gebäudeteil vor Kopf ist die Heimstatt des **Historischen Museums der Stadt Budapest.** Die Dauerausstellung zeigt Dokumente und Exponate zur Stadtgeschichte. Einer der Höhepunkte sind die 1974 zufällig gefundenen gotischen Statuen, die als einzige Überreste des 1686 endgültig zerstörten Königspalastes gelten. Außerdem gibt es Wechselausstellungen zu verschiedenen Themen. Durch das Erdgeschoss (es ist keine Eintrittskarte notwendig) gelangt man außerdem zu den **mittelalterlichen Festungsresten,** die nach dem Zweiten Weltkrieg hier entdeckt wurden. Dieser Teil des Burgviertels wird nur wenig besucht und ist mit seinen alten Mauern und Türmen ein toller Rückzugsort vom sonstigen Trubel auf dem Burghügel.

Wenn man beim Matthias-Brunnen den Durchgang links nimmt, kommt man auf die majestätische **Burgterrasse.** Von hier aus hat man einen herrlichen Blick auf die Donau und die gegenüberliegende Pester Seite. Das Reiterstandbild zeigt **Eugen von Savoyen** („Prinz Eugen, der edle Ritter"), der maßgeblichen Anteil an der Rückeroberung Budas 1686 und später Südungarns von den Osmanen hatte. Ursprünglich sollte die 1900 von József Róna geschaffene Statue in der Stadt Zenta (heute Senta, Serbien) stehen, dem Schauplatz einer wichtigen Schlacht unter Führung Prinz Eugens. Peinlicherweise konnte die Stadt die bereits fertiggestellte Statue aber nicht bezahlen, sodass sie schließlich vom Königshaus gekauft und an ihrem heutigen Ort aufgestellt wurde.

Über die Freitreppe mit dem reich verzierten neobarocken Geländer gelangt man wieder zur Bergstation der Standseilbahn.

› **Ungarische Nationalgalerie (Magyar Nemzeti Galéria),** I. Szent György tér 2 (Burgpalast, Flügel A, B, C, D), Bus 16 Dísz tér, Tel. 2019082, www.mng.hu, geöffnet: Di.–So. 10–18 Uhr, Eintritt: 2800 Ft , 6–26 und 62–70 Jahre 1400 Ft, darunter und darüber frei (nur für die Sammlung, für Sonderausstellungen gelten Sonderpreise).

› **Historisches Museum der Stadt Budapest (Budapesti Történeti Múzeum),** I. Szent György tér 2 (Burgpalast, Flügel E), Bus 16 Dísz tér, Tel. 4878800, www.btm.hu, geöffnet: Di.–So. 10–18 Uhr, vom 1. November bis zum 28. Februar werktags nur bis 16 Uhr, Eintritt: 2400 Ft, 6–26 und 62–70 Jahre 1200 Ft, darunter und darüber frei (nur Dauerausstellung, für Sonderausstellungen andere Preise)

Pester Innenstadt (Belváros)

Das quirlige Pest bietet einen deutlichen Kontrast zum eher ruhigen Buda. Hier pulsiert das Leben, hier finden sich die wichtigen kulturellen, wirtschaftlichen und politischen Institutionen. Der Name „Innenstadt" bezeichnet dabei nicht das Stadtzentrum im Allgemeinen, sondern einen genau umrissenen Stadtteil, der von der Donau im Westen, von der József Attila utca im Norden und vom Kleinen Ring (s. S. 26) im Osten und im Süden begrenzt wird.

In diesem Gebiet befand sich die **Keimzelle der Stadt**, der römische Wachposten Contra Aquincum. Ursprünglich bildete die Donau die Grenze zwischen Römern und Barbaren, mit der wichtigen römischen Garnisonsstadt Aquincum auf dem Gebiet des heutigen Óbuda. Ende des 3. Jahrhunderts n. Chr. errichteten die Römer dann Contra Aquincum auf feindlichem Terrain. Später siedelten sich slawische Kalkbrenner an, die dem Ort seinen Namen gaben. „Pest"

Die Brücken von Budapest

*Die Donau kann auf dem Stadtgebiet Budapests auf insgesamt acht Straßenbrücken überquert werden. Die älteste ist die **Kettenbrücke,** die bereits 1846 eingeweiht wurde und damit die erste und für längere Zeit die einzige feste Querungsmöglichkeit zwischen Wien und dem Schwarzen Meer bot. Sie trug wesentlich zum Aufstieg Budapests zur Großstadt bei.*

*Nördlich der Kettenbrücke erstreckt sich die **Margarethenbrücke.** Sie wurde 1876 von dem französischen Architekten Ernest Goüin erbaut. Ihre Besonderheit ist der Knick, den die Konstruktion in der Mitte aufweist. Er war notwendig, damit die Brückenpfeiler senkrecht in der Donau positioniert werden konnten, da andernfalls die Strömung des Wassers die Brücke fortspülen würde. Im Knick befindet sich der Zugang zur Margaretheninsel, so dass die Brücke von oben betrachtet die Form eines „Y" hat.*

*An der Nordspitze der Margaretheninsel wird die Donau seit 1950 von der **Árpád-Brücke** überquert. Auch sie bietet eine Zufahrt zur Insel. Noch weiter nördlich steht die neueste Brücke Budapests, die 2008 eröffnete **Megyeri-Brücke,** die mit ihren gewaltigen, 100 Meter hohen Beton-Pylonen weithin sichtbar ist.*

*Südlich der Kettenbrücke schließt sich die leuchtend weiße **Elisabethbrücke** an. Sie ersetzte 1964 die erste, gleichnamige Brücke, die als einzige der historischen Budapester Donaubrücken nach dem Zweiten Weltkrieg nicht wieder aufgebaut werden konnte.*

*Danach folgt die grüne **Freiheitsbrücke.** Sie wurde zur 1000-Jahr-Feier Ungarns 1896 von Kaiser Franz Joseph persönlich eröffnet, dessen Namen sie auch ursprünglich trug.*

*Für die südliche Verbindung des Großen Rings mit Buda sorgt die 1937 in Betrieb genommene **Petőfi-Brücke.** Schon von Weitem an ihren 35 Meter hohen roten Pylonen erkennbar ist die **Rákóczi-Brücke,** die südlichste der Budapester Brücken. Sie wurde dem Verkehr 1995 übergeben.*

hat nämlich nichts mit der Krankheit zu tun, sondern bedeutet „Ofen“. Interessant ist in diesem Zusammenhang der historische deutsche Name des gegenüber liegenden Buda – dieser lautete Ofen. Als Erklärung führen Historiker an, dass bei der Besiedlung des Budaer Burghügels im 13. Jahrhundert auch Bewohner von Pest nach Buda zogen und den Namen ihrer Stadt mitnahmen.

Die Hauptschlagader der Pester Innenstadt ist seit Jahrhunderten die **Váci utca** [E7], ursprünglich eine alte Handelsstraße entlang der Donau. Wegen seines Handelshafens und der leichten Überquerbarkeit des Flusses erlangte Pest früh eine herausragende Bedeutung als Wirtschaftsstandort. Im 19. Jahrhundert dann wurde die Váci utca zur beliebten Flaniermeile und Einkaufsstraße des wohlhabenden Bürgertums. Heute ist sie allerdings wenig aufregend. In der Fußgängerzone zwischen Großer Markthalle und Vörösmarty tér finden sich vor allem touristische Restaurants und die sattsam bekannten internationalen Filialisten. Spannender ist der parallel verlaufende **Donaukorso.** Die Fußgängerpromenade oberhalb des Donauufers lädt bei schönem Wetter zum Verweilen ein und bietet immer wieder herrliche Ausblicke auf den Königlichen Palast und das Burgviertel.

8 Redoute ★ [D5]

Architektonisch bestimmendes Element des Donaukorsos ist die Redoute, ein **Ball- und Konzertsaal.** Erbaut im Jahre 1865, fällt sie vor allem durch ihren orientalisch-byzantinischen Baustil auf. Kein Wunder: Architekt Frigyes Feszl hatte die Pläne ursprünglich bei der Ausschreibung für die Synagoge in der Dohány utca 15 eingereicht, als sein Entwurf dort jedoch nicht gewann, „recycelte“ er ihn einfach für die Redoute und erhielt den Zuschlag. Im Konzertsaal traten unter anderen Franz Liszt, Johannes Brahms, Béla Bartók und Herbert von Karajan auf. Heute dient die Redoute als Raum für wechselnde Kunstausstellungen, die prächtige Eingangshalle kann ohne Weiteres betreten werden und ist auf jeden Fall einen Blick wert.

› **Pesti Vigadó,** V. Vigadó tér 2, Straßenbahn 2 Vigadó tér

9 Innerstädtische Pfarrkirche ★★ [D6]

Das älteste existierende Gebäude von Pest ist wie ein Schnellkurs in Architekturgeschichte. Die Kirche steht auf den Mauern der ehemaligen römischen Festung Contra Aquincum. Ursprünglich eine dreischiffige romanische Basilika, wurde die Kirche im 14. und 15. Jh. im gotischen Stil umgebaut. Während der osmanischen Besatzung diente sie als Moschee. Noch heute kann man auf der rechten Seite des Chors den Mihrab, die Gebetsnische des Imam erkennen. Nach der Rückeroberung durch die Christen ließ man den gotischen Chor stehen und ergänzte ihn durch die barocken Türme und ein passendes Kirchenschiff. Der Übergang zwischen den beiden Teilen ist außen wie innen gut erkennbar. Auf dem Platz vor der Kirche sieht man unter den Glasplatten die **Ruinen der römischen Festung.**

› **Belvárosi Főplébániatemplom,** V. Március 15. tér, Straßenbahn 2, Bus 8E, 15/115, 108E, 110, 112, 133E und 178 Március 15. tér (Bus 15/115 nur in Richtung Boráros tér bedient), www.belvarosiplebania.hu, geöffnet: tägl. 9–16 Uhr, Eintritt: 1000 Ft, Studenten und Senioren 700 Ft

⑩ St.-Michaels-Kirche ★ [E6]

Die sehenswerte **Barockkirche** des Frauenordens Congregatio Jesu mitten im Gewusel der Váci utca wurde 1747 bis 1755 für den Dominikanerorden erbaut. 1787 erhielt der auch als „Englische Fräulein" bekannte Frauenorden die Kirche und das benachbarte Ordenshaus. Die Schwestern betrieben bis 1950 und seit 1998 wieder eine Schule in dem Gebäude.

Obwohl das Wasser bei der Flut von 1838 zwei Meter hoch im Kirchenraum stand, ist das von Dominikanermönchen geschnitzte **Holzinterieur** weitgehend erhalten. Besonders sehenswert sind auch der Rokoko-Altar, der den heiligen Dominikus zeigt, und das erst 1999 wieder freigelegte Deckenfresko. Heute finden oft **Konzerte** in der Kirche statt (s. S. 72).

› **Szent Mihály-templom,** V. Váci u. 47, U-Bahn M3, Bus 5, 7, 8E, 15/115, 108E, 110, 112, 133E und 178 Ferenciek tere (Bus 15/115 nur in Richtung Gyöngyösi utca/Árpád híd bedient), geöffnet: tägl. 10–18 Uhr

059bp Abb.: gk

⑪ Serbische Kirche ★★ [E7]

Bereits seit Jahrhunderten lebt eine kleine serbische Gemeinschaft in Ungarn. Viele Zuwanderer kamen im 17. Jahrhundert, als die Osmanen auf dem Rückzug aus Ungarn Serbien verwüsteten. 1733 bauten die Pester Serben sich diese kleine **Barockkirche,** die inmitten eines stimmungsvollen Gartens steht. Innen folgt die Kirche dem üblichen Aufbau orthodoxer Gotteshäuser: Sitzbänke gibt es keine, im hinteren Teil stehen die Frauen, weiter vorne die Männer. Der Chor wird mithilfe einer sehenswerten, aus dem 19. Jahrhundert stammenden **Ikonostase** abgetrennt.

› **Szerb templom,** V. Szerb u. 4, U-Bahn M4, Straßenbahn 2 und 47/48/49, Bus 15/115 Fővám tér (Bus 15/115 nur in Richtung Boráros tér bedient)

⑫ Universitätskirche ★★ [E6]

Der gemütliche Egyetem tér wird vom Hauptgebäude der **Loránd-Eötvös-Uni (ELTE),** einer der sechs großen Budapester Universitäten, dominiert. Unmittelbar mit dem Gebäude verbunden ist die zweitürmige **Universitätskirche,** eine der bedeutendsten Barockkirchen Ungarns. Im Gegensatz zu vielen anderen Gotteshäusern steht bei der Gestaltung des 1723 bis 1770 erbauten Gotteshauses die **düstere Seite des Barock** im Vordergrund. Sehr ungewöhnlich ist die original erhaltene Dekoration der Marmorverkleidungen und der Wände im **Innenraum.** Die Fresken an der

◁ Auf römischen Ruinen errichtet: die Innerstädtische Pfarrkirche am Március 15. tér

Decke stammen vom bekannten Wiener Maler Johann Bergl, der unter anderem auch für die Wandmalereien im Schloss Schönbrunn und im Stift Melk verantwortlich zeichnete. Beachtung verdient außerdem die wunderschön gestaltete Kanzel.

› **Egyetemi Templom,** V. Egyetem tér, U-Bahn M3, Bus 5, 7, 8E, 15/115, 108E, 110, 112, 133E und 178 Ferenciek tere (Bus 15/115 nur in Richtung Gyöngyösi utca/Árpád híd bedient), geöffnet: Mo.–Sa. 8–18, So. 13–17 Uhr

13 Rózsavölgyi-Haus ★★ [E5]

Auf dem dreieckigen, zwischen die umliegenden Häuser gequetschten Szervita tér stehen gleich zwei der bedeutendsten Bauten der frühen ungarischen Moderne. Das Rózsavölgyi-Haus des Architekten **Béla Lajta** aus dem Jahr 1911 besticht durch die **Einfachheit der Mittel.** Es ist einer der ersten Bauten in Budapest, bei denen konsequent auf Schnörkel und Dekorationen verzichtet wird. Lediglich die schmalen Bordüren zeigen die typischen stilisierten Folkloremuster, mit denen Lajta immer gern gearbeitet hat. Im Erdgeschoss ist noch immer die **Musikalienhandlung** der Familie Rózsavölgyi ansässig, für die das Haus auch ursprünglich gebaut wurde.

› **Rózsavölgyi-ház,** V. Szervita tér 5, Bus 15/115 Szervita tér (nur in Richtung Gyöngyösi utca/Árpád híd bedient)

14 Bankhaus Török ★★ [E5]

Das übernächste Gebäude rechts vom Rózsavölgyi-Haus 13 ist das ehemalige Bankhaus Török aus dem Jahr 1906, das vor allem durch das prächtige, 50 Quadratmeter große **Glasmosaik** auf der Fassade auffällt. Es zeigt die „Apotheose der Hungaria" mit der das Land symbolisierenden Frauengestalt in der Mitte. Der Künstler Miksa Róth hatte als Hauptfigur eigentlich einen Erzengel vorgesehen, der – ganz im Sinne des Bauherrn, der Török-Bank – Gold unters Volk streut. Schlussendlich kam es aber zu dem patriotischeren Motiv. Das Gebäude selbst ist vom **Brüsseler Jugendstil** inspiriert und besticht durch seine **wohlproportionierte Glasfassade.** Zum ersten Mal in Budapest haben die Architekten Ármin Hegedűs und Henrik Böhm extra Platz für in die Fassade integrierte Firmenschilder vorgesehen (der schwarze Rahmen im 1. Stock und die Messingschilder über den Fenstern im 2. und 3. Stock).

› **Török-bankház,** V. Szervita tér 3, Bus 15/115 Szervita tér (nur in Richtung Gyöngyösi utca/Árpád híd bedient)

Kleiner Ring (Kiskörút)

Der (eigentlich unvollständige) Kleine Ring startet am Deák Ferenc tér [E5] und umrundet die historische Innenstadt von Pest bis zur Freiheitsbrücke (Szabadság híd). Die 1,5 Kilometer lange Ringstraße verläuft dabei entlang der ehemaligen Pester Stadtmauer. Die bis zu 8 Meter hohe Mauer wurde bereits Anfang des 19. Jahrhunderts abgetragen, um Platz für die Stadtentwicklung zu schaffen. Doch nicht überall machte man sich die Mühe, sie tatsächlich komplett abzureißen: In den Innenhöfen der meisten Häuser auf dem Múzeum körút und dem Vámház körút sind Reste von ihr zu sehen – man hat die Mauer einfach in die neuen Gebäude integriert. Sehr schön zu sehen ist dies an der Ecke Bástya utca/Veress

Pálné utca, wo ein als Parkplatz genutztes leeres Grundstück den Blick auf die Mauer freigibt. In der Ferenczy István utca ist auf einem Mauervorsprung ebenfalls ein Stück „integrierte" Stadtmauer sichtbar.

15 Synagoge in der Dohány utca (Große Synagoge) ★★★ [F5]

Die „Große Synagoge" ist das Zentrum des ungarischen Judentums und die größte Synagoge Europas.

Mitte des 19. Jahrhunderts kamen im Zuge der Gleichstellung der jüdischen Bevölkerung Pläne für die Errichtung einer großen Synagoge auf. Die Wahl fiel auf das Eckgrundstück Dohány utca/Károly körút, den Zuschlag für den Bau erhielt der bayerische Architekt **Ludwig Förster.** Nach seinen Plänen entstand die Synagoge in dem für damalige jüdische Bauten beliebten **orientalisch-historisierenden Stil.** Um die erforderliche Ost-West-Ausrichtung zu erzielen, steht das Gebäude nicht im rechten Winkel zur Straße.

Die Anordnung und Gestaltung erinnert auffallend an eine christliche Kirche. Dies hat zwei Gründe: Zum einen wollte die jüdische Gemeinde in der „Gleichstellungseuphorie" des 19. Jahrhunderts die gemeinsamen Wurzeln und ihre Verbundenheit mit der christlichen Mehrheit ausdrücken, zum anderen waren die Architekten der Synagoge Christen. So kommt es, dass die Große Synagoge sogar eine **Orgel** hat, auf der bis heute regelmäßig Konzerte gespielt werden.

Ursprünglich war das Erdgeschoss für Männer vorgesehen, Frauen nahmen in den oberen Stockwerken Platz. Seit dem Zweiten Weltkrieg sitzen jedoch beide Geschlechter unten, auf der einen Seite die Frauen, auf der anderen die Männer.

Im Hof der Synagoge steht ein bewegendes **Denkmal für die Opfer der Shoa.** Auf den Blättern der Trauerweide aus Aluminium steht jeweils der Name eines Opfers. Das Denkmal wurde von 1984 von Imre Varga gefertigt und vom ungarischstämmigen Hollywoodschauspieler Tony Curtis finanziert. Ungewöhnlich ist der **Friedhof** auf dem Grundstück der Synagoge. Nach jüdischer Vorschrift dürfen Tote nicht neben einem Tempel bestattet werden. Mangels einer Alternative wurden die mehreren Tausend Toten, die bei der Befreiung des Gettos im Januar 1945 auf den Straßen lagen, jedoch im Hof der Synagoge beigesetzt.

Gottesdienste werden nur in der warmen Jahreszeit und an wichtigen Festtagen in der Großen Synagoge gefeiert. Im Winter nutzt die Gemeinde den 1931 dahinter erbauten, kleineren **Heldentempel**, der günstiger zu beheizen ist.

Beim Besuch der Synagoge müssen die **Schultern bedeckt** sein. Männer müssen eine **Kopfbedeckung** tragen (wer keine dabei hat, bekommt am Eingang eine Leih-Kippa). Am Eingang erfolgt eine Sicherheitskontrolle. Die Eintrittskarte berechtigt auch zum Besuch des angeschlossenen **Jüdischen Museums**, in dem rituelle Gegenstände und eine Fotoausstellung zur Shoa gezeigt werden. Der Anbau, in dem sich das Museum befindet, steht übrigens an der Stelle, an der sich früher das Geburtshaus von **Theodor Herzl**, dem Begründer des politischen Zionismus, befunden hat. Wer sich besonders für die jüdische Kultur und Geschichte in Budapest interessiert, kann am Kassenhäuschen bei der Synagoge verschiedene geführte **Touren** buchen.

› **Dohány utcai zsinagóga,** VII. Dohány utca 2–8, U-Bahn M2, Straßenbahn 47/48/49, Bus 5, 7, 8E, 9, 10, 110, 112, 133E und 178 Astoria, www.jewishtourhungary.com, geöffnet: Mo.–Do. und So. 10–20 Uhr (Nov.–Feb. nur bis 16 Uhr), Fr. 10–16 Uhr (März/April und Okt. nur bis 18, Nov.–Feb. nur bis 14 Uhr), Eintritt: 4500 Ft, Schüler ab 12 Jahren und Studenten 3400 Ft, zwischen 6 und 12 Jahren 1500 Ft

16 Ungarisches Nationalmuseum ★★ [F6]

Der weiße, klassizistische Bau wurde 1837 bis 1846 eigens für die 30 Jahre zuvor gestiftete Sammlung errichtet und gilt als das Hauptwerk des Architekten Mihály Pollack. In den 1860er-Jahren tagte hier das Oberhaus des ungarischen Parlaments. Das im Stil eines **griechischen Tempels** erbaute Museum zeigt heute eine Dauerausstellung über die **Geschichte Ungarns,** die vor allem für besonders Interessierte von Bedeutung ist. Sehenswert ist der in einem separaten Raum ausgestellte **Krönungsmantel.** Er ist der einzige Teil der Krönungsinsignien der ungarischen Könige, der im Nationalmuseum verblieben ist (die anderen sind im Parlament ausgestellt), und der einzige, der nachweislich aus der Zeit St. Stephans stammt. Der kleine Park um das Museum herum ist ein schöner Ort für eine Pause.

› **Magyar Nemzeti Múzeum,** VIII. Múzeum krt. 14–16, U-Bahn M3 und M4, Straßenbahn 47/48/49, Bus 9, 15 und 115 Kálvin tér, Tel. 3277773, www.hnm.hu, geöffnet: Di.–So. 10–18 Uhr, Eintritt: 2600 Ft, EU-Bürger von 6 bis 26 und 62 bis 70 Jahre 1300 Ft, darunter und darüber frei

Jüdisches Leben in Budapest

*Juden kamen bereits **im 9. Jahrhundert** mit den Magyaren in das Gebiet des heutigen Ungarn. Daraus entwickelte sich im Mittelalter eine stabile jüdische Bevölkerung. In der Zeit der osmanischen Besatzung wandten sich viele Juden den Osmanen zu, da diese toleranter waren als die Christen. Dementsprechend mussten sie die Rache der Rückeroberer erleiden. Ende des 17. Jahrhunderts gab es praktisch keine Juden mehr in Ungarn.*

*Erst hundert Jahre später siedelten sich wieder Juden im Land an, wobei sie nur außerhalb der Städte wohnen durften. So auch in Pest, wo sie auf der Außenseite der Stadtmauer auf Höhe des heutigen Deák Ferenc tér ein kleines Dorf gründeten. Daraus entwickelte sich der heute **historisches jüdisches Viertel** genannte Teil des VII. Bezirkes zwischen Kleinem Ring, Király utca, Dohány utca und Großem Ring.*

*Das erste Gesetz zur **Gleichstellung der jüdischen Bevölkerung** wurde bereits 1849 verabschiedet und 1867 bestätigt. Damit waren die ungarischen Juden vollwertige Bürger ihres Landes – früher, als dies in der österreichischen Reichshälfte der Fall war. Viele Juden wurden dadurch stolze ungarische Patrioten. Zugleich setzte eine jüdische Einwanderung aus anderen Teilen der k.-u.-k.-Monarchie ein. Die Zahl der Juden verdreifachte sich zwischen 1850 und 1900. Zur Jahrhundertwende waren über 20 Prozent der Budapester jüdischen Glaubens. Man-*

17 Palaisviertel ★★★ [F6]

Prächtige Stadtpalais wohlhabender Adelsfamilien bestimmen das Straßenbild in einem der schönsten Budapester Stadtviertel.

Als das Nationalmuseum ab den 1860er-Jahren vom Oberhaus des ungarischen Parlaments genutzt wurde, hielten es zahlreiche Abgeordnete und ihre zumeist adeligen Familien für besonders wichtig, möglichst in der Nähe des Tagungsortes zu wohnen. Sie begannen, die Grundstücke hinter dem Nationalmuseum zu kaufen und repräsentative Stadtpalais zu errichten. Als Faustregel galt: Je näher am Museum, desto reicher die Familie und desto üppiger das Gebäude.

Heute lässt sich das Viertel zwischen Kleinem Ring, Bródy Sándor utca, Horánszky utca, Krúdy Gyula utca und Reviczky utca am besten bei einem Spaziergang erkunden. Die schönsten Palais stehen direkt hinter dem Nationalmuseum: Links das **Palais Festetics** (VIII. Pollack Mihály tér 10), in dem heute die deutschsprachige Andrássy-Universität ihren Sitz hat, daneben das **Palais Esterházy** (VIII. Pollack Mihály tér 8) und ganz rechts das **Palais Károlyi** (VIII. Pollack Mihály tér 3), die mittelfristig zu Ausstellungsstätten des Nationalmuseums 16 umgebaut werden sollen. Auch in den Nebenstraßen lassen sich stimmungsvolle Gassen und großartige Bauten entdecken, die den Glanz vergangener Tage wieder lebendig werden lassen.

› **Palotanegyed**, U-Bahn M3 und M4, Straßenbahn 47/48/49, Bus 9, 15 und 115 Kálvin tér

Folgeseite: Viele Budapester schätzen die frischen Waren aus der Großen Markthalle 18

che von ihnen prägten als Architekten, Künstler, Wissenschaftler und Financiers die explosionsartige Entwicklung Budapests gegen Ende des 19. Jahrhunderts. Dennoch erstarkte der ***Antisemitismus*** *nach 1918 zusehends. 1944 marschierten die Deutschen in das eigentlich verbündete Ungarn ein. Innerhalb weniger Wochen wurden sämtliche Juden, die außerhalb Budapests lebten, nach Auschwitz deportiert – etwa 450.000 Menschen.*

In Budapest waren inzwischen ***zwei Gettos*** *gegründet worden, das größere im historischen jüdischen Viertel hinter der Großen Synagoge 15. Hier starben viele Menschen durch gezielte Morde oder infolge der unmenschlichen Bedingungen. Dennoch konnte durch die Initiative von mutigen Helfern und letztlich durch die näherrückende Front die massenhafte Deportation verhindert werden. Etwa 100.000 bis 150.000 jüdische Budapester überlebten die Shoa.*

Das ***kommunistische Regime*** *unterdrückte ab 1948 systematisch jegliche Religionsausübung. Viele Juden entschlossen sich zur Auswanderung. Heute leben schätzungsweise zwischen 80.000 und 100.000 jüdischstämmige Menschen in Budapest. Insbesondere die jüngere Generation beginnt, teilweise unabhängig von der offiziellen jüdischen Gemeinde, ihre* ***religiös-kulturellen Wurzeln wiederzuentdecken.*** *In den vergangenen fünfzehn Jahren hat sich insbesondere im VII. Bezirk eine regelrechte jüdische Subkultur gebildet.*

18 Große Markthalle ★★★ [E7]

Bei Touristen und Einheimischen gleichermaßen beliebt: Die Große Markthalle ist Sehenswürdigkeit und Speisekammer zugleich.

Eines der populärsten Ziele von Budapest-Besuchern ist die Große Markthalle am Fővám tér. Eröffnet wurde sie 1897 gemeinsam mit vier weiteren Markthallen im Innenstadtbereich. Das Gebäude war im Vergleich zu den bis dahin üblichen Freiluftmärkten ein Quantensprung in Sachen Hygiene und praktisch war es obendrein: Ursprünglich konnte das Untergeschoss von Lastkähnen über einen eigens angelegten Kanal direkt von der Donau aus angesteuert werden. Das bedeutete geringere Transportkosten und frischere Waren.

Obwohl der Kanal längst nicht mehr existiert, ist die Markthalle bis heute wegen der Frische der Produkte und der günstigen Preise der **bevorzugte Einkaufsort vieler Budapester.** Im Erdgeschoss befinden sich die Obst- und Gemüsehändler sowie Fleisch- und Käsestände. Das Untergeschoss beherbergt Fisch- und Wildhändler sowie einen Supermarkt. Im oberen Stockwerk locken Souvenirhändler und Imbissbuden vor allem das touristische Publikum.

Es ist ein tolles Erlebnis, einfach in der Markthalle umherzustreunen und sich den vielen verschiedenen Farben und Gerüchen hinzugeben. Architektonisch besonders interessant sind die seinerzeit hochmoderne **Stahlgerüstkonstruktion** der Halle und das **Dach** aus bunten Zsolnay-Pyrogranit-Ziegeln.

Das monumentale Gebäude rechts neben der Großen Markthalle ist heute der Hauptsitz der namhaften **Corvinus-Universität.** Ursprünglich diente das Gebäude als Hauptzollamt, da sich bis vor rund einhundert Jahren der Handelshafen an diesem Abschnitt des Donauufers befand.

› **Központi Vásárcsarnok,** IX. Vámház krt. 1–3, U-Bahn M4, Straßenbahn 2 und 47/48/49, Bus 15/115 Fővám tér (Bus 15/115 nur in Richtung Boráros tér bedient), geöffnet: Mo. 6–17 Uhr, Di.–Fr. 6–18 Uhr, Sa. 6–15 Uhr

035bp Abb.: gk

Budapest von oben – der Gellért-Berg

Der Gellért-Berg, den man von der Großen Markthalle ⑱ *über die Freiheitsbrücke leicht erreicht, ist der* ***höchste Punkt im Stadtzentrum*** *und durch die* ***Freiheitsstatue*** *auf seinem Gipfel weithin sichtbar. Die 14 m hohe, von Zsigmond Kisfaludi Strobl geschaffene Frauengestalt wurde 1947 aufgestellt. Mit einem Palmzweig als Friedenssymbol in ihren Händen erinnert sie an das Ende des Zweiten Weltkriegs. Die Skulptur eines Sowjetsoldaten, die ursprünglich am Sockel der Freiheitsstatue stand, fristet seit 1993 im Memento Park* ㊲ *ihr Gnadenbrot.*

Wer den Aufstieg auf den 235 m hohen Berg auf sich nimmt, wird mit einem atemberaubenden Panoramablick belohnt. Sehenswert ist auch die gegenüber dem Seiteneingang des Hotels Gellért (XI. Szent Gellért tér 1, [D/E8]) gelegene, in den Berg gegrabene ***Felsenkapelle.*** *Sie gehört dem Paulinerorden, der auch ein Kloster am Berghang unterhält. Oben bieten um die von den Österreichern 1854 erbaute Zitadelle herum Imbissstände und Restaurants Möglichkeiten zur Erfrischung.*

Wer möchte, kann auch die Buslinie 27 vom Móricz Zsigmond körtér nehmen (Anfahrt mit der U-Bahn M4, Straßenbahn 6, 17, 19/41, 47/48/49, 56 und 61 oder mit der Buslinie 7) und an der Haltestelle Búsuló Juhász (Citadella) aussteigen. Von hier sind es nur noch einige Minuten Fußweg.

⑲ Bálna Budapest ★ [F8]

Im Herbst 2013 wurde direkt am Donauufer 200 Meter hinter der Großen Markthalle nach mehrjähriger Bauzeit **der „Wal“** *(Bálna)* eröffnet, der wohl spektakulärste und künstlerisch hochwertigste zeitgenössische Bau der gesamten Stadt. Zwischen zwei langgezogene Backstein-Lagerhallen des ehemaligen Handelshafens ließ der niederländische Architekt Kas Oosterhuis eine Glasblase in Form einer Welle – oder eben eines Wals – einbauen. Der Wal soll als **Begegnungs- und Veranstaltungsort** dienen: Im Unter- und im Erdgeschoss gibt es Restaurants, Cafés sowie Design- und Antiquitätengeschäfte, während im Obergeschoss ein Veranstaltungssaal untergebracht ist.

Der Wal steht für die Hoffnung vieler Budapester, dass es entgegen der schlechten Erfahrungen aus der zweiten Hälfte des 20. Jh. dennoch möglich sei, die Stadt ohne simples Zerstören historischer Strukturen weiterzuentwickeln und die Verantwortung für das Stadtbild und die Architektur nicht ausschließlich privaten Investoren zu überlassen. Allerdings leidet der Wal unter baulichen Mängeln und die Stadt hat es nicht geschafft, dem Gebäude ein tragfähiges Nutzungskonzept zu verpassen. Im Frühjahr 2019 gab man auf: Der Wal wurde an den Staat verkauft, was mit dem Gebäude passieren wird, steht in den Sternen.

Bei schönem Wetter bietet sich die neu gestaltete Donaupromenade hinter dem Wal für eine Pause an.

› IX. Fővám tér 11-12 (Közraktár u.), Straßenbahn 2, Bus 15/115 Zsil utca (Bus 15/115 nur in Richtung Boráros tér) oder Bus 15/115 Czuczor utca (nur in Richtung Gyöngyösi utca/Árpád híd bedient) oder Obus 83 Közraktár utca, www.balnabudapest.hu

Andrássy út, Heldenplatz und Stadtwäldchen (Városliget)

Die Andrássy út [E4–G2] ist der repräsentative **Prachtboulevard** Budapests. Die 2,5 Kilometer lange Straße zwischen Deák Ferenc tér und Heldenplatz wurde zwischen 1872 und 1876 angelegt und avancierte schnell zum bevorzugten Wohnort wohlhabender Bürger. Es fällt auf, dass die Bebauung der Andrássy út, die seit 2002 Teil des **UNESCO-Weltkulturerbes** ist, sich deutlich in drei Abschnitte teilt: Im ersten Abschnitt zwischen Deák Ferenc tér und Oktogon herrscht der typische **innerstädtische Charakter** vor, mit einzelnen Repräsentativbauten wie etwa der Staatsoper. In der Folge wird die Struktur luftiger, und im dritten Teil ab dem Kodály körönd machen die mehrgeschossigen Mietshäuser **herrschaftlichen Villen** Platz, bevor die Andrássy út in den monumentalen Heldenplatz 22 mündet.

Entlang der Andrássy út finden sich die schönsten Beispiele der für Budapest so typischen eklektisch-historistischen Bauweise. Selbstverständlich ist die Prachtstraße seit mehr als hundert Jahren auch ein wichtiger Ort für **Flaneure** und **Edelshopper**. Kein exklusives Design-Label der Welt, das nicht hier (oder in einer der Nebenstraßen) seine Ungarn-Niederlassung hat. Und wer einen Kaffee trinken oder gut essen möchte, ist hier ebenfalls richtig.

20 Ungarische Staatsoper ★★★ [E4]

Die Staatsoper ist das architektonische Juwel an der Andrássy út. Wer keine Gelegenheit hat, eine Vorstellung zu besuchen, kann tagsüber an Führungen durch das Gebäude teilnehmen.

Die 1875 bis 1884 erbaute Ungarische Staatsoper ist das schönste Gebäude der Andrássy út und gilt als Hauptwerk des damaligen Stararchitekten **Miklós Ybl.** Dieser verwendete vor allem Zitate der französischen **Renaissance** – wer sich also beim Anblick des Opernhauses an ein Pariser Stadtpalais oder an die Loire-Schlösser erinnert fühlt, liegt nicht ganz falsch. Kaiser Franz Joseph soll die Eröffnungspremiere wutentbrannt in der Pause verlassen haben, weil das Opernhaus schöner sei als die Wiener Staatsoper.

Auch musikalisch ist die Ungarische Staatsoper schon von jeher ei-

036bp Abb.: gk

> *Prachtstück an der Prachtstraße – die Staatsoper an der Andrássy út*

nes der **führenden Musiktheater Mitteleuropas.** Seinerzeit arbeiteten hier neben den bekanntesten ungarischen Musikern und Dirigenten beispielsweise auch Gustav Mahler und Otto Klemperer, beide übrigens als Generalmusikdirektoren. Heute sucht die Oper Wege, diesen Status auch in Zeiten knapperer Kassen aufrechtzuerhalten.

Die beste Möglichkeit, das Gebäude zu besichtigen, ist der Besuch einer Vorstellung. Karten sind an der Theaterkasse im Foyer erhältlich. Wer keine Gelegenheit dazu hat, kann die Oper auch im Rahmen einer Führung anschauen.

› **Magyar Állami Operaház,** VI. Andrássy út 22, U-Bahn M1, Bus 105 Opera, Tel. 8147225, www.opera.hu, Führungen in deutscher Sprache täglich um 15 und 16 Uhr, Führung: 2500 Ft

21 Pariser Kaufhaus ★★ [F4]

Das **ehemalige Kaufhaus** mit der sehenswerten **Jugendstilfassade** wurde in seiner heutigen Form 1911 unter dem Namen Párisi Nagy Áruház („Pariser Großwarenhaus") als seinerzeit modernstes und elegantestes Kaufhaus Budapests errichtet. Auf dem Dach konnte sich die Kundschaft sogar auf einer Aussichtsterrasse und einer Schlittschuhbahn die Zeit vertreiben. Nach dem Krieg wurde das traditionsreiche Haus in Divatcsarnok („Modehalle") umbenannt und diente bis 1999 als Warenhaus. Höhepunkt ist noch immer die Dachterrasse, heute ohne Eislaufbahn, dafür mit der schicken 360 Bar (s. S. 68). Im ersten Stock lockt das Café Párisi im wunderschönen Lotz-Saal (s. S. 66).

› **Párisi Nagyáruház,** VI. Andrássy út 39, U-Bahn M1, Bus 105 Opera

22 Heldenplatz ★★★ [cf]

Endlich Luft! Der weitläufige Heldenplatz bildet den Abschluss und Höhepunkt der Andrássy út. Der Platz beeindruckt durch seine schiere Monumentalität und seine perfekt komponierte Symmetrie.

Unterpflasterbahn (Kisföldalatti)

*Die 1896 eröffnete Unterpflasterbahn (offiziell „Metro 1") war die erste elektrische U-Bahn auf dem europäischen Kontinent und die weltweit dritte nach London und einer Versuchsstrecke in New York. Sie transportiert bis heute Besucher zum **Heldenplatz** 22.*

*Die Bahn entstand in einer rekordverdächtigen Bauzeit von nur 21 Monaten, nachdem die Stadtverwaltung eine oberirdische Bahn auf der Andrássy út untersagt hatte. Es war Eile geboten, denn es musste eine große Zahl von Besuchern zu den **1000-Jahr-Feierlichkeiten** auf dem Heldenplatz transportiert werden. Auch heute noch ist die Unterpflasterbahn, die direkt unterhalb der Fahrbahndecke fährt, ein praktisches und beliebtes Verkehrsmittel. Die **Stationen** sind (bis auf die Umsteigestation Deák Ferenc tér und die nachträglich angefügten Halte Széchenyi fürdő und Mexikói út) im **Originalzustand** erhalten und sehr sehenswert. Wer sich auch für den Original-Fuhrpark interessiert, sollte das **U-Bahn-Museum** in der Unterführung am Deák Ferenc tér besuchen (geöffnet: Di.–So. 10–17 Uhr, Eintritt: 350 Ft, ermäßigt 280 Ft).*

Ob die alten Magyaren nun tatsächlich genau im Jahr 896 auf dem Gebiet des heutigen Ungarn auftauchten, weiß eigentlich niemand genau. Da man aber organisatorisch 1896 für die 1000-Jahr-Feierlichkeiten bereit war, wurde dieses Jahr per Gesetz als das Jahr der ungarischen Landnahme festgelegt. Die große **Landesausstellung zum Millennium** fand ab Mai 1896 auf dem neu angelegten Heldenplatz und im dahinterliegenden Stadtwäldchen statt. Allerdings hatte es Verzögerungen beim Bau der Gebäude gegeben, sodass im Jubiläumsjahr lediglich die **Kunsthalle** (auf dem Heldenplatz von der Andrássy út gesehen rechts) fertig war. Heute sind in der Kunsthalle Ausstellungen mit zeitgenössischem Kunsthandwerk zu sehen.

Einige Jahre später kamen noch das **Museum für Bildende Kunst** (links), und das **Millenniums-Denkmal** in der Mitte des Platzes dazu. Letzteres fasst die Geschichte Ungarns zusammen. Unterhalb der 36 Meter hohen Säule sind die sieben Stammesführer der alten Magyaren als Reiter dargestellt, ihr Anführer Árpád steht vorne in der Mitte. Oben auf der Säule ist der Erzengel Gabriel zu sehen, der die ungarische Krone und das apostolische (Doppel-)Kreuz, das Zeichen des Papstes, in der Hand hält. Dies symbolisiert, dass die Gründung Ungarns und die Annahme des Christentums Hand in Hand gingen. In den beiden Kolonnaden dahinter stehen die Statuen bedeutender ungarischer Könige, angefangen mit dem Staatsgründer St. Stephan ganz links. Ganz rechts sind vier siebenbürgische Fürsten und Lajos Kossuth, der Revolutionsführer von 1848, dargestellt. Diese fünf Statuen wurden in den 1950er-Jahren von den kommunistischen Machthabern aufgestellt. Zuvor waren dort Statuen der habsburgischen Herrscher zu sehen. Der Gedenkstein vor der Säule ist das „Grab des unbekannten Soldaten“.

› **Hősök tere,** U-Bahn M1, Bus 105 Hősök tere

EXTRATIPP

Eislaufbahn

Das weiße, an ein kleines Schloss erinnernde Gebäude rechts hinter dem Heldenplatz ist nichts anderes als ein Umkleideraum. Es gehört zur dahinter gelegenen **größten Freiluft-Eislaufbahn Europas.** Die 1870 eröffnete Bahn gehört seither zu den beliebtesten Winterzielen der Budapester und ist mit seinem Schlittschuhverleih auch für auswärtige Besucher attraktiv. Im Sommer macht das Eis einem Teich Platz, auf dem täglich zwischen 10 und 20 Uhr **Ruderboote** gemietet werden können.

★2 [cf] **Városligeti Műjégpálya (Eislaufbahn),** XIV. Olof Palme sétány 5, U-Bahn M1, Bus 105 Hősök tere, www.mujegpalya.hu, geöffnet: Mo.–Fr. 9–13 und 17–21 Uhr, Sa./So. 10–14 u. 16–20 Uhr, Eintritt Eislaufen: Mo.–Do. und freitagvormittags 1500 Ft, ermäßigt 1000 Ft, Sa./So. und freitagnachmittags 2000 Ft, ermäßigt 1500 Ft, Schlittschuhverleih: 1500 Ft pro Stunde (zzgl. Kaution oder Abgabe eines Ausweises), Gebühr Ruderboote 1800 Ft, Tretboote 2600 Ft, jeweils für eine halbe Stunde

Die Burg Vajdahunyad – das „Disneyland“ der ungarischen Architektur

039bp Abb.: mt

23 Burg Vajdahunyad ★★ [cf]

Hinter der Eislaufbahn ist ein mittelalterlich anmutender Bergfried zu sehen. Er gehört zu einem Bau, dessen offiziellen Namen „Historische Gebäudegruppe“ wahrscheinlich kein Budapester kennt. Zur Millenniums-Landesausstellung 1896 erhielt Architekt Ignác Alpár den Auftrag, ein Gebäude zu entwerfen, in dem **alle in Ungarn auffindbaren Baustile vereinigt** werden. Alpár ließ sich nicht lange bitten, sondern begann zu kopieren und zu erfinden, was das Zeug hielt. Am Ende hatte er es tatsächlich geschafft, ein seltsames Ensemble mit insgesamt 21 Versatzstücken aus Romanik, Gotik, Renaissance und Barock zu kreieren.

Ursprünglich nur als Holzpavillon für die Dauer der Ausstellung gedacht, war das Gebäude so beliebt, dass es 1904 bis 1908 aus Stein noch einmal erbaut wurde. Der markanteste Teil ist die Kopie des Bergfriedes der Burg Vajdahunyad (heute Hunedoara, Siebenbürgen), die der Anlage auch ihren allgemein geläufigen Namen gibt. Im barocken Teil befindet sich das Ungarische Landwirtschaftsmuseum. Eine anheimelnd-gruselige Stimmung verbreitet im Innenhof die **Statue des Anonymus.** Der namentlich unbekannte Chronist schuf im 13. Jahrhundert die Gesta Hungarorum, ein Werk über die Geschichte Ungarns. Der Bildhauer Miklós Ligeti (1871–1944) stellte Anonymus als Mönch ohne Gesicht dar. Das Bronzedenkmal von 1903 gilt als sein Hauptwerk.

› **Vajdahunyad vára,** XIV. Vajdahunyad sétány, U-Bahn M1 Széchenyi fürdő, frei begehbar

Leopoldstadt (Lipótváros)

Die Leopoldstadt bildet den nördlichen Teil des V. Bezirks und ist das klassische Behörden- und Bankenviertel der Stadt. Die geraden, rechteckig angeordneten Straßen werden von repräsentativen Prunkbauten gesäumt. Einige der beliebtesten Sehenswürdigkeiten der Stadt sind hier zu finden, darunter die Basilika und das Parlament.

24 Széchenyi István tér ★★ [D4]

Der Széchenyi István tér auf der Pester Seite der Kettenbrücke war bis zu Beginn des 20. Jh. der Platz für die Lagerung der gelöschten Ladung der Donau-Handelsschiffe. Bis 2011 war er nach dem amerikanischen Präsidenten Franklin D. Roosevelt benannt. Bestimmendes Element des ovalen, stark befahrenen Platzes ist das **Gresham-Palais** (V. Széchenyi István tér 4–6). Das sehenswerte Jugendstilgebäude steht direkt in der Achse der Kettenbrücke und des Burgtunnels und war ursprünglich der Budapester Sitz der englischen Versicherungsgesellschaft Gresham. Nach einem tristen Dasein als Mietshaus mit Sozialwohnungen wurde das Palais 2004 als Fünfsternehotel wiedereröffnet.

Rechts neben dem Hotel erhebt sich das strenge **Gebäude des Innenministeriums** (V. József Attila u. 2–4). An der nördlichen Stirnseite des Platzes steht das Hauptgebäude der **Ungarischen Akademie der Wissenschaften** (V. Széchenyi István tér 9), ein Werk des Berliner Architekten Friedrich August Stüler (1864).

› Straßenbahn 2, Bus 15/115 (wird nur in Richtung Boráros tér bedient), 16 und 105 Széchenyi István tér

25 St.-Stephans-Basilika ★★★ [E4]

Die größte Kirche der Stadt steht ganz im Zeichen des ungarischen Staatsgründers. St. Stephan ist nicht nur auf Gemälden und als Statue präsent, in einer kleinen Nebenkapelle wird sogar sein rechter Mittelhandknochen aufbewahrt.

Die Basilika, wie sie von den Budapestern schlicht genannt wird, hat eine ungewöhnlich lange Baugeschichte hinter sich. Die Planungen begannen bereits 1846 unter Leitung eines der bekanntesten Architekten der Zeit, **József Hild**, mussten jedoch wegen der Revolution 1848 unterbrochen werden. Der erste Spatenstich erfolgte 1851. Die große Kuppel stand bereits, als Hild 1867 verstarb. Es übernahm der spätere Opernhausarchitekt **Miklós Ybl**, der bei der Begehung des Rohbaus verdächtige Risse im Mauerwerk bemerkte. Er ließ die Arbeiten einstellen, die Baustelle rund um die Uhr bewachen, und tatsächlich: Acht Tage später, am 22. Januar 1868, **stürzte die gewaltige Konstruktion ein.** Ybl musste von vorn beginnen, allein die Aufräumarbeiten dauerten drei Jahre lang. Auch Ybl sollte das Werk nicht vollendet sehen. Er starb 1891, die Basilika war damals noch immer im Bau und wurde erst 1905 unter Leitung von **József Kauser**, der erst zwei Jahre nach dem Planungsbeginn 1846 geboren worden war, fertig.

Im **Innenraum** fällt zunächst auf, dass die „Beleuchtung" der Kirche fast vollständig durch Tageslicht erfolgt – nur an dunklen Tagen wird elektrisches Licht eingeschaltet. Die aus weißem Carrara-Marmor gefertig-

038bp Abb.: mt

te **Skulptur des Hochaltars** zeigt den Staatsgründer St. Stephan. Auf den **bronzenen Reliefs** im Chor sind Szenen aus dem Leben des ersten ungarischen Königs zu sehen. Unter den **Seitenaltären** ist besonders der südliche, rechts vom Eingang gelegene sehenswert. Sein von Gyula Benczúr gemaltes Altarbild zeigt St. Stephan, wie er Maria die ungarische Krone anempfiehlt.

In einem Nebenraum hinten links ist die wichtigste **Reliquie** der katholischen Kirche Ungarns zu sehen: die sogenannte „Heilige Rechte", ein Stück des mumifizierten Mittelhandknochens von St. Stephan. Die Reliquie wird in einem sehenswerten silbernen Schrein aufbewahrt, der nach Münzeinwurf feierlich beleuchtet wird (der Raumwärter hilft mit Wechselgeld). Einmal im Jahr, am 20. August, wird die Reliquie in einer feierlichen Prozession durch die Stadt getragen. Im Jahr 2006 wurde übrigens der legendäre ungarische Fußballer **Ferenc Puskás** in der Krypta der Basilika bestattet.

Ein weiteres Highlight der Kirche ist die **Aussichtsplattform** auf der Kuppel. Bei schönem Wetter lohnt sich der Aufstieg (der zum Teil per Fahrstuhl bewältigt werden kann) zu einem der raren Aussichtspunkte auf der Pester Seite. Von hier aus hat man das Budaer Burgviertel direkt „auf Augenhöhe".

› **Szent István-bazilika**, V. Szent István tér 1, Bus 9 Szent István Bazilika oder U-Bahn M1, Bus 105 Bajcsy-Zsilinszky út, www.basilica.hu, Kirchenbesichtigung: Mo.–Fr. 9–17 Uhr, Sa. 9–13 Uhr, So. 13–17 Uhr, Aussichtsplattform: tägl. 10–18.30 Uhr (April/Mai und Okt. nur bis 17.30, Nov.–März bis 16.30 Uhr), Eintritt Kirche: 200 Ft, Aussichtsplattform (inkl. Schatzkammer): 1000 Ft, erm. 800 Ft

26 Szabadság tér ★★ [D4]

Der 43.000 m² große Platz entstand 1898 im Zuge des Abrisses einer österreichischen Kaserne und wurde im Gegensatz zu den Gepflogenheiten jener Zeit nicht gleich wieder zugebaut. Die Westseite wird vom 1905 erbauten, ehemaligen **Börsenpalast** (V. Szabadság tér 17) eingenommen. Der Bau diente seit 1955 als Hauptgebäude des öffentlich-rechtlichen Fernsehens. 2009 zog das Fernsehen in eigens errichtete, zeitgemäße Studios am Stadtrand, das Gebäude gehört seitdem einem Investor, steht aber leer. Schräg gegenüber erhebt sich das Hauptgebäude der **Ungarischen Nationalbank** (V. Szabadság tér 8–9), das ebenso wie der Börsenpalast vom Architekten Ignác Alpár gestaltet wurde. Die Ähnlichkeit der beiden zeitgleich errichteten Bauten fällt sofort ins Auge. Die beiden ehemaligen Jugendstil-Mietshäuser links neben der Nationalbank werden von der amerikanischen Botschaft eingenommen.

Die imposante Basilika ist die größte Kirche der Stadt

Umstritten ist das **sowjetische Ehrenmal** in der Mitte des Platzes. Es wurde 1946 aufgestellt und ist heute das einzige am Originalstandort verbliebene explizit kommunistische Denkmal der Stadt. Dies liegt daran, dass angeblich gefallene sowjetische Soldaten unter dem Denkmal bestattet sein sollen. Aus diesem Grund wird es wohl auch an seinem Platz bleiben, obwohl konservative Kreise seine Entfernung fordern. Gewissermaßen als Gegenstück zum Ehrenmal wurde 2011 links dahinter eine Statue des früheren amerikanischen Präsidenten **Ronald Reagan** aufgestellt. 2014 folgte ein weiterer Counterpart, diesmal am gegenüberliegenden Südende des Platzes. Das ästhetisch wie inhaltlich äußerst fragwürdige „**Denkmal für die Opfer der deutschen Besatzung**" (das absurderweise zugleich die Einfahrt einer Tiefgarage markiert) sorgt für einen anhaltenden politischen Skandal. Kritiker monieren, dass das Denkmal die aktive Rolle Ungarns während des Zweiten Weltkriegs verharmlosen und die gesamte Schuld für die Greueltaten an jüdischen und anderen Bürgern den Deutschen in die Schuhe schieben will. Als Zeichen des Protests liegen zahlreiche Steine und Familienfotos von Holocaustopfern vor dem Denkmal.

› Bus 15/115 Hold utca (in Richtung Gyöngyösi utca/Árpád híd) bzw. Széchenyi utca (in Richtung Boráros tér)

27 Postsparkasse ★★ [D3]

Das ehemalige Gebäude der Postsparkasse ist eines der schönsten Beispiele für den *style hongrois*, der vom Architekten **Ödön Lechner** geprägten, eigentümlich ungarischen Spielart des Jugendstils. Man sieht auf der Fassade sehr schön die der ungarischen Folklore entnommenen typischen **Blumenmuster**. Bemerkenswert sind das **bunte Dach** aus Zsolnay-Pyrogranit und die **gelben Verzierungen** mit Bienen- und Bienenkorb-Motiven, die die Emsigkeit und das Sparen symbolisieren. Heute gehört das Gebäude zur benachbarten Nationalbank und ist nicht öffentlich zugänglich.

› **Postatakarékpénztár**, V. Hold u. 4, Bus 15/115 Hold utca (in Richtung Gyöngyösi utca/Árpád híd) bzw. Széchenyi utca (in Richtung Boráros tér), keine Innenbesichtigung möglich

28 Haus des ungarischen Jugendstils ★★ [D3]

Das 1903 von Emil Vidor erbaute Haus ist sehr ungewöhnlich für Ungarn, verzichtet es doch im Gegensatz zu Ödön Lechners Bauten, etwa der benachbarten Postsparkasse 27, auf ungarische Motive und zeigt stattdessen eine starke Verwandtschaft zum **internationalen Jugendstil.** Wer beispielsweise beim Anblick der lustigen Orangenbäume und Sonnenblumen auf der Fassade an den großen katalanischen Architekten Antoní Gaudí denkt, liegt sicherlich nicht ganz falsch.

2007 wurde das baufällige Haus vom Bauunternehmer **Tivadar Vad** renoviert und in den Originalzustand versetzt. Als Gegenleistung erhielt Jugendstil-Fan Vad die Räume im Erdgeschoss, wo er seither seine beträchtliche **Sammlung von Jugendstilmöbeln und -gegenständen** ausstellt. Das kleine, private Museum erinnert ein wenig an ein Möbellager,

› *Bei der Ausgestaltung des Parlaments spielte Geld keine Rolle*

040bp Abb.: mt

bietet Interessierten aber dennoch einen umfassenden Überblick über die Gebrauchsgegenstände jener Zeit. In dem kleinen Café kann man eine Ruhepause auf originalen Jugendstilmöbeln genießen.

› **Magyar Szecesszió Háza,** V. Honvéd u. 3, U-Bahn M2, Straßenbahn 2, Bus 15/115, Obus 70 und 78 Kossuth Lajos tér, Tel. 2694622, www.magyarszecessziohaza.hu, geöffnet: Mo.–Sa. 10–17 Uhr, Eintritt: 2000 Ft, für Schüler und Rentner 1500 Ft

29 Parlament ★★★ [D3]

Das mächtige Bauwerk am Donauufer ist nicht nur das größte Gebäude Ungarns, sondern zugleich der Höhepunkt der historistischen Architektur Budapests. Unter der Kuppel sind die Krönungsinsignien der ungarischen Könige zu bewundern.

Als Ungarn 1867 weitgehende Autonomie von Österreich erlangte, regte sich der Wunsch nach einem eigenen Parlamentsgebäude. Bis dahin hatte das Parlament im Gebäude des Nationalmuseums 16 am Kleinen Ring getagt. Ein Wettbewerb wurde ausgelobt, den **Imre Steindl** gewann.

Die Bauarbeiten begannen 1885 und endeten 1904. Allerdings gefielen der Jury auch der zweit- und der drittplatzierte Entwurf so gut, dass beide in kleinerem Maßstab auf der gegenüberliegenden Seite des Kossuth Lajos tér verwirklicht wurden. Sie beherbergen heute die **Kurie**, den Obersten Gerichtshof Ungarns (links, V. Kossuth Lajos tér 12), und das **Landwirtschaftsministerium** (rechts, V. Kossuth Lajos tér 11).

Das **Parlamentsgebäude** besticht zunächst durch seine schiere Größe. Es ist 268 Meter lang, 123 Meter breit und 96 Meter hoch, hat 691 Räume, 27 Eingänge und 20 Kilometer Treppen. Es besteht – im Sinne einer staatlichen Vorgabe – ausschließlich aus **ungarischen Materialien**, die einzige Ausnahme bilden acht Marmorsäulen neben der Haupttreppe, die aus Schweden importiert wurden.

073bp Abb.: gk

Das Gebäude ist innen wie außen völlig symmetrisch, da das ungarische Parlament seinerzeit zwei Kammern hatte. Heute gibt es nur noch eine Parlamentskammer, der nördliche Teil des Gebäudes wird für Konferenzen und für die öffentlichen Besichtigungen genutzt.

Im **Innenraum** fällt die überbordend reichhaltige Dekoration mit über 150 Statuen und großen Mengen Blattgold auf. Unter der Kuppel werden seit dem Jahr 2000 die ungarischen Krönungsinsignien, allen voran die sogenannte **Heilige Krone**, aufbewahrt; zuvor waren sie im Nationalmuseum zu sehen. Die Krone stammt teilweise aus dem 11. Jahrhundert und hat eine bewegte Geschichte hinter sich. Mehrfach wurde sie versteckt, gestohlen oder außer Landes gebracht, zuletzt nach dem Zweiten Weltkrieg, als sie über Salzburg in die USA gelangte. 1978 brachte US-Außenminister Cyrus Vance die Krone nach Ungarn zurück.

Das Parlament kann nur im Rahmen eines geführten Rundgangs (ca. 45 Minuten) besichtigt werden. Tickets für den Rundgang werden im Besucherzentrum an der Nordseite des Platzes gelöst. Hier starten auch die Führungen. Es lohnt sich, die Karten schon im Voraus vor Ort zu kaufen oder online unter www.jegymester.hu zu bestellen, da die Führungen oftmals ausverkauft sind.

› **Parlament,** V. Kossuth Lajos tér 1–3, U-Bahn M2, Straßenbahn 2, Bus 15/115, Obus 70 und 78 Kossuth Lajos tér, https://latogatokozpont.parlament.hu, deutschsprachige Führungen meist

041bp Abb.: fo © Klaus Eppele

tägl. 10, 13 und 14 Uhr, Eintritt: für EU-Bürger 3500 Ft, 6–24 Jahre 1900 Ft, für andere 6700 Ft, 6–24 Jahre 3500 Ft

30 Holocaust-Mahnmal ★★★ [C4]

Eines der wohl bewegendsten Holocaust-Mahnmale der Welt steht unscheinbar unterhalb des Parlaments am Donauufer.

Während des Zweiten Weltkriegs wurden viele Budapester Juden ermordet, indem sie einfach am Donauufer hinterrücks erschossen wurden, sodass die Leichen ins Wasser fielen und von der Strömung fortgespült wurden. 2005 wurde am Ufer etwas südlich unterhalb des Parlaments ein **Denkmal** für die Opfer enthüllt. Der Dichter, Filmregisseur und Schauspieler Can Togay (heute Direktor des Collegium Hungaricum in Berlin) und der Bildhauer Gyula Pauer schufen ein Monument, das an Einfachheit und Direktheit kaum zu überbieten ist: Mehrere Dutzend **Schuhe aus Gusseisen** erinnern an die Männer, Frauen und Kinder, die vor ihrer Erschießung noch ihre Schuhe ausziehen mussten.

› **Holokauszt-emlékmű,** V. Id. Antall József rkp., U-Bahn M2, Straßenbahn 2, Bus 15/115, Obus 70 und 78 Kossuth Lajos tér, ganztägig frei zugänglich

Das Parlamentsgebäude wird im Untergrund von Holzpfählen gestützt

Gusseiserne Schuhe am Ufer der Donau – ein Denkmal für die Opfer des Holocaust

Großer Ring (Nagykörút)

Der Große Ring, der unter verschiedenen Straßennamen das Stadtzentrum Pests umrundet, ist für die Einheimischen **die traditionelle „Hauptstraße“** der Stadt mit Geschäften, Kinos und Restaurants. Der Bau der Ringstraße begann 1872 und dauerte bis 1906. Unter der Straße verlief zuvor ein Seitenarm der Donau, der den ursprünglichen Plänen zufolge als Kanal in die neue Ringstraße integriert werden sollte. Hätte nicht am Ende das Geld hierfür gefehlt, würde Budapest heute ein wenig an Amsterdam erinnern. Möglicherweise ist die Straßenbahn 4/6, die heute anstelle des Kanals in der Mitte der Straße entlanggleitet, aber letzten Endes nützlicher …

Zeitgleich zum Ausbau der Ringstraße wurden auch die angrenzenden Grundstücke bebaut. Es entstanden die für Budapest typischen, repräsentativen Mietshäuser im eklektisch-historistischen Stil. Da sich hier oft Ladengeschäfte in den Innenhöfen befinden, sind die Häuser im Gegensatz zu ihren Pendants in den Nebenstraßen tagsüber zugänglich. Es lohnt sich, einen Blick in die prächtig verzierten Innenhöfe und Treppenhäuser zu werfen und die besondere, intime Stimmung dieser Orte einzufangen.

31 Lustspielhaus ★ [D2]

Das Lustspielhaus ist eines der führenden **Sprechtheater** der Stadt und trotz des Namens werden hier nicht nur Komödien gespielt. Der sehenswerte Bau entstand im Millenniumsjahr 1896 nach den Plänen der Wiener Architekten **Fellner & Helmer,** die

EXTRATIPP

Pozsonyi út – die versteckte Flaniermeile

Vergleichsweise wenige Touristen verlaufen sich in die lauschige, von alten Bäumen gesäumte Pozsonyi út [D1]. Dabei ist die Straße zwischen Jászai Mari tér und Szent István park ein wunderbares Flanierrevier. Vom Jászai Mari tér kommend, reihen sich auf der rechten Straßenseite winzige Cafés und interessante kleine Geschäfte aneinander. Neben Schmuckgeschäften und Buchläden, die zum Schaufensterbummel einladen, findet sich auch alteingesessenes Handwerk wie etwa eine Kürschnerwerkstatt. Auf der gegenüberliegenden Straßenseite wird für das leibliche Wohl gesorgt: Traditionslokale wie das Kiskakukk (Haus Nr. 12), das Le Poulet (Haus Nr. 14) oder das Pozsonyi Kisvendéglő (Ecke Radnóti Miklós utca) tischen klassische ungarische Küche auf. Wem der Sinn eher nach Süßem steht, wird im Édesmindegy oder im Briós (beide Nr. 16) fündig. Am ruhigen Szent István park vorbei geht es schließlich zum Ende der Pozsonyi út, wo man den Spaziergang auf der herrlichen Terrasse des Cafés Sarki Fűszeres (Haus Nr. 53–55) ausklingen lassen kann.

um 1900 den gesamten deutschen Sprachraum und die Donaumonarchie mit ihren typischen Theaterbauten geradezu „vollstellten“. Eine kleine Auswahl der Fellner-&-Helmer-Theater zwecks Wiedererkennung: Komische Oper Berlin, Volkstheater, Konzerthaus und Ronacher in Wien, Zürcher Opernhaus, Deutsches Schauspielhaus Hamburg, Landestheater Salzburg, Opernhaus Graz, Stadttheater in Fürth, Gießen und Klagenfurt und so weiter und so fort ... Falls in Ihrer Stadt kein „Fellner & Helmer“ steht, lohnt es sich auf jeden Fall, sich das Lustspielhaus anzuschauen. Allerdings nur von außen, da die Vorstellungen ausnahmslos auf Ungarisch laufen und sich eine Innenbesichtigung im Rahmen einer Aufführung daher für die meisten Besucher aus dem deutschen Sprachraum wohl erübrigt.

› **Vígszínház**, XIII. Szent István krt. 14, Bus 15/115 Szent István körút, www.vigszinhaz.hu

Fünf Sterne, tausend Lichter: das Palais New York ist heute ein Luxushotel

32 Westbahnhof ★ [E2]

Der Westbahnhof wurde als einer der drei großen Budapester Kopfbahnhöfe 1877 erbaut. Für die **imposante Eisenkonstruktion** der Halle zeichnete ein gewisser **Gustave Eiffel** aus Frankreich verantwortlich, der einige Jahre später in Paris einen bekannten Turm bauen sollte. Sehenswert sind auch die etwas heruntergekommene, holzvertäfelte **Schalterhalle** und das **McDonald's-Restaurant** in der toll renovierten ehemaligen Bahnhofsgaststätte – wohl eines der schönsten Schnellrestaurants der Welt.

› **Nyugati pályaudvar**, VI. Teréz krt. 55–57, U-Bahn M3, Straßenbahn 4/6, Bus 9, 26, 91, 191, 226 und 291, Obus 72 und 73 Nyugati pályaudvar

33 Palais New York ★ [G5]

Im Palais New York war einst eines der berühmtesten Budapester **Künstlercafés** beheimatet. Das Café New York wurde kurz nach Fertigstellung des Gebäudes 1895 eröffnet und war bis in die 1930er-Jahre hinein eines der Zentren der Budapester Intellek-

042bp Abb.: mt

tuellen. Das ursprüngliche, **neobarock überladene Interieur** wurde liebevoll restauriert und ist heute noch zu erleben. Das Gebäude und mit ihm das Café werden inzwischen als Fünfsternehotel genutzt. Die neuen Eigentümer ließen die historischen Räume mit zeitgenössischen Designermöbeln bestücken.

› **New York-palota,** VII. Erzsébet krt. 9–11, U-Bahn M2, Straßenbahn 4/6, Bus 5, 7, 7E, 8E, 108E, 110, 112, 133E und 178 Blaha Lujza tér

34 Museum für Angewandte Kunst ★ [G8]

Das 1896 eröffnete Museum ist eines der schönsten Beispiele für die **ungarische Spielart des Jugendstils,** den von Ödön Lechner entwickelten *style hongrois.* Der Bau ähnelt dem Postsparkassengebäude 27, ist jedoch noch schmuckvoller und durch die weniger bebaute Umgebung auch besser zu sehen. Neben der markanten Kuppel fallen die von den Mustern traditioneller ungarischer Stickereien inspirierten Verzierungen auf. Einen interessanten Kontrast bildet der helle, glasüberdachte Innenraum. Die Dauerausstellung des Museums zeigt **Gebrauchsgegenstände** aus der **Geschichte des Designs** sowie eine Sammlung von Kunstgegenständen aus dem islamischen Kulturraum. Von besonderer Bedeutung sind die Möbel- und die Porzellansammlung. Zudem gibt es interessante Wechselausstellungen. Bis 2020 wird das Museum behutsam saniert und um einen gläsernen Anbau (an der Stelle eines geplanten, aber nie fertiggestellten Flügels an der Rückseite des Gebäudes) erweitert. In dieser Zeit ist das Gebäude geschlossen.

› **Iparművészeti Múzeum,** IX. Üllői út 33–37, U-Bahn M3, Straßenbahn 4/6 Corvin-negyed

Roma in Ungarn

Unter den 13 gesetzlich anerkannten Minderheiten Ungarns bilden die Roma die größte Gruppe. Schätzungen zufolge leben bis zu 700.000 Roma im Land. Sie selbst nennen sich ***„Zigeuner" („cigányok"),*** *was im Ungarischen auch von Nicht-Roma ohne abwertenden Unterton gebraucht wird. Im übrigen ist der im Deutschen übliche Terminus „Roma" auch ziemlich ungenau. In Ungarn teilen sich die Zigeuner in drei deutlich unterschiedliche Völker auf: Die ungarischsprachigen* ***Romungros*** *(„ungarische Zigeuner") sind die mit Abstand größte Volksgruppe, gefolgt von den „echten"* ***Roma,*** *die traditionell Romani sprechen, und den* ***„beás",*** *die im Südwesten des Landes leben und deren ursprüngliche Sprache ein archaischer Dialekt des Rumänischen ist.*

Die mutmaßlich aus Indien stammenden Zigeuner sind schon seit vielen Jahrhunderten in Ungarn ansässig, seit Ende des 15. Jahrhunderts gibt es Darstellungen von professionellen ***Zigeunermusikern.*** *Andere zogen als* ***Kesselflicker, Scherenschleifer*** *und* ***Korbflechter*** *durchs Land. Durch diese Berufe hatten sie eine wichtige Rolle in der Gesellschaft, waren aber durch ihre* ***nomadische Lebensweise*** *stets am Rand und blieben unter sich. Auf der anderen Seite entstanden zahlreiche Legenden um dieses Volk, das man nicht einordnen konnte und das auf die „weißen" Ungarn immer ein wenig gefährlich und faszinierend zugleich wirkte.*

Das 20. Jahrhundert brachte ***dramatische Veränderungen*** *für die Zigeuner. Zum einen zwang man sie, sesshaft zu werden, und zum anderen wurden ihre traditionellen Berufe durch die Industrialisierung überflüssig. Diese Entwicklungen ließen sie in unfassbarer Armut in Behelfssiedlungen an den Rändern der Städte und Dörfer vegetieren. Während in den Jahrzehnten des Sozialismus viele Roma immerhin als ungelernte Land- oder Fabrikarbeiter beschäftigt werden konnten, fielen diese Jobs nach der Wende ersatzlos weg. Heute leben bereits mehrere Generationen von Roma, die nie erlebt haben, dass jemand aus ihrer Familie arbeiten geht. Dies sorgt für gravierende soziale Probleme, insbesondere im Nordosten Ungarns, dem Siedlungsschwerpunkt der Roma. Gut gemeinte* ***staatliche Hilfsprogramme*** *blieben bislang wirkungslos. Als wäre dies nicht schon genug, sind Roma oft Zielscheibe* ***rassistischer Äußerungen oder gar Gewalt:*** *Die Frustration über die eigene prekäre Situation entlädt sich bei vielen „Weißen" im Hass gegen die Zigeuner, die anders aussehen und nach anderen Werten leben.*

In Budapest sind Zigeuner traditionell im VIII. Bezirk ansässig. Viele von ihnen entstammen bekannten ***Musikerdynastien.*** *Wer einen Spaziergang durch das Viertel zwischen József körút, Népszínház utca und Baross utca unternimmt, wird mit etwas Glück durch ein geöffnetes Fenster die Übungsstunde eines „prímás"* *(s. S. 55)* *hören. Diejenigen Roma jedoch, die nicht das Glück hatten, „mit einer Geige in der Hand geboren zu sein", fristen auch hier in der Großstadt oftmals ein Dasein in bitterer Armut und Aussichtslosigkeit.*

Entdeckungen außerhalb des Zentrums

35 Ostbahnhof ★ [cg]

Am 1884 eröffneten Ostbahnhof kommen die Züge aus dem deutschen Sprachraum an. Der gewaltige Bahnhofsbau war einer der größten und schönsten Bahnhöfe seiner Zeit. Heute kann man in der renovierten, mit **Gold und Fresken geschmückten** nördlichen Seitenhalle den einstigen Glanz wieder nachvollziehen. An der Frontfassade sind die überlebensgroßen Statuen der britischen Eisenbahnpioniere James Watt und George Stephenson zu sehen.

› **Keleti pályaudvar,** VIII. Baross tér, U-Bahn M2 und M4, Bus 5, 7, 7E, 8E, 108E, 110, 112, 133E und 178 Keleti pályaudvar

36 Millennium-Kulturzentrum ★★ [ci]

Auf einem ehemaligen Industrieareal südlich des Stadtzentrums ist im ersten Jahrzehnt des 21. Jahrhunderts das inzwischen bedeutendste Kulturzentrum Budapests entstanden. Es besteht aus zwei auch an sich sehenswerten Gebäuden, dem Nationaltheater und dem Palast der Künste.

Das **Nationaltheater** (Nemzeti Színház, Stücke nur in ungarischer Sprache) sorgte im Vorfeld seiner Errichtung 2002 für einen handfesten Eklat. Die Pläne für ein Nationaltheater waren bereits Jahre zuvor im Rahmen eines internationalen Wettbewerbs von einer hochkarätig besetzten Jury ausgewählt worden, das Fundament am Deák Ferenc tér in der Innenstadt schon betoniert, als es 1998 zum Regierungswechsel kam. Der neu ins

Konfliktstoff aus Holz und Stein: das Nationaltheater sorgt für Kontroversen

043bp Abb.: mt

Amt gewählte Viktor Orbán ließ kurzerhand die Vorbereitungen stoppen und verfügte, dass das Nationaltheater an seinem heutigen Standort gebaut werden müsse. Mit dem Entwurf beauftragte er die Architektin Mária Siklós, an deren Entwurf sich seither die Geister scheiden. Kritiker monieren die unreflektierte Verwendung von Stilelementen der historischen Budapester Architektur, andere hingegen erfreuen sich an der schiffartigen Konstruktion des Theaters und den Statuen berühmter ungarischer Schauspieler vor dem Haupteingang.

Der gegenüberliegende **Palast der Künste** (Művészetek Palotája, s. S. 73) sorgte dagegen bei seiner Eröffnung 2005 für einhelligen Beifall bei Kunst- und Kulturfreunden. Der Bau beherbergt eine hochmoderne Konzerthalle mit 1700 Plätzen und das **Museum Ludwig** (s. S. 51), einen wichtigen Ausstellungsort für moderne Kunst.

› **Millenniumi Kulturális Központ**, IX. Komor Marcell u., HÉV H7, Straßenbahn 2 und 24 Müpa-Nemzeti Színház

37 Memento Park ★★★

Das wohl außergewöhnlichste Museum der Stadt versammelt die von ihren Originalstandorten entfernten kommunistischen Statuen.

Im Gegensatz zu den meisten anderen ehemals sozialistischen Staaten und Städten wurden in Budapest die zahlreichen propagandistischen Statuen nach der Wende nicht eingeschmolzen. Die Budapester Stadtverwaltung erkannte einerseits die **Bedeutung** der Skulpturen als Zeugen einer nie mehr wiederkehrenden Zeit und andererseits den **künstlerischen Wert** vieler Werke, unabhängig vom dargestellten Sujet. Die einzigartige **Freiluftausstellung** schafft es, die rund 50 Statuen auf würdige Weise und dennoch in dem Bewusstsein zu zeigen, dass es sich um Symbole einer mörderischen Diktatur handelt. Eine extrem sehenswerte Ausstellung, die die Anfahrt lohnt. Achtung: Die Statuen befinden sich allesamt unter freiem Himmel, eine Überdachung gibt es nicht.

› XXII. Balatoni út/Ecke Szabadkai út, Bus 150 Memento Park (Abfahrt von der Haltestelle Újbuda-központ, die mit der U-Bahn M4 und den Straßenbahnen 4, 41 und 47/48 erreichbar ist, Fahrzeit ca. 30 Minuten, Abfahrt werktags alle 20 Minuten, am Wochenende alle 30 Minuten) oder Shuttlebus vom Deák Ferenc tér täglich um 11 Uhr (Hin- und Rückfahrt 4900 Ft inkl. Eintrittskarte, ermäßigt 2900 Ft), Tel. 4247500, www.mementopark.hu, geöffnet: tägl. 10 Uhr bis Anbruch der Dunkelheit, Eintritt: 1500 Ft, erm. 1200 Ft, Familienkarte 2000 Ft

38 Schloss Gödöllő ★★

Das im Vorort Gödöllő gelegene **Barockschloss** ist vor allem für Fans von **Kaiserin und Königin Elisabeth** ein Muss. „Sissi" verbrachte viel Zeit in Gödöllő, wo sie in ihrem geliebten Ungarn sein konnte und ihre Ruhe vor dem Wiener Hofstaat hatte. Das über lange Jahrzehnte von der sowjetischen Armee heruntergewirtschaftete, inzwischen toll renovierte Schloss ist zu einem Teil mit dem ursprünglichen Barockinventar und zu einem anderen Teil mit dem Mobiliar Elisabeths und Franz Josephs eingerichtet. Auf dem Rundgang durch die Ausstellung erfährt man vieles über die Lebensweise des kaiserlichen Paars. Sehenswert sind auch der Schlosspark und das Barocktheater.

› **Gödöllői Királyi Kastély,** Gödöllő, Ady Endre sétány, HÉV H8 Gödöllő Szabadság tér (Abfahrt vom Örs vezér tere, Endstation der U-Bahn M2, Fahrzeit ca. 45 Minuten, Abfahrt werktags alle 15 Minuten, am Wochenende alle 30 Minuten), www.kiralyikastely.hu, Tel. 28-410124, geöffnet: Mo.–Do. 9–17, Fr.–So. 10–18 Uhr (von Ende Oktober bis Ende März Mo.–Fr. nur bis 16 Uhr, Sa./So. bis 17 Uhr), Eintritt: 2600 Ft

39 Szentendre ★★★

Das kleine Barockstädtchen ist eines der Highlights des nördlich von Budapest gelegenen Donauknies. Die schmucken Häuschen und die grazilen Kirchtürme fügen sich harmonisch in die malerische Landschaft ein.

Wer mehr als nur einen oder zwei Tage in Budapest verbringt, sollte Szentendre auf jeden Fall gesehen haben. Die kleine, gut erreichbare Stadt ist einer der wenigen Orte in Ungarn, an denen die städtebauliche Euphorie des späten 19. Jahrhunderts nahezu spurlos vorübergegangen ist. Die Altstadt mit ihren **verwinkelten Gassen, lauschigen Plätzen** und **schmalen Treppen** konnte sich die Atmosphäre des Barock hervorragend erhalten.

Die Geschichte des heutigen Szentendre beginnt gegen Ende des 17. Jahrhunderts, als vor den Osmanen fliehende **Serben** sich im bereits befreiten Ungarn ansiedelten. Nach

Das Schloss Gödöllő ist nicht nur für Romantiker einen Ausflug wert

Szentendre kamen Menschen aus insgesamt sieben Städten und Gemeinden in Serbien. Da sie sich nicht einigen konnten, baute jede Gemeinschaft ihre eigene Kirche, sodass die kleine Stadt bis heute **sieben Kirchen** ihr Eigen nennt. Über ein Jahrhundert später kehrten viele Serben nach Hause zurück. Einige blieben jedoch und machten Szentendre zum Zentrum der serbisch-orthodoxen Kirche in Ungarn. Bis heute ist die Stadt Sitz eines serbisch-orthodoxen Bischofs.

In den 1920er-Jahren entdeckten **Künstler** den verschlafenen Ort an der Donau und gründeten eine bis heute bestehende Künstlerkolonie. Von dieser Tradition zeugen die zahlreichen kleinen **Museen** und **Galerien** im Ort.

Eine Erkundungstour verläuft am besten von der HÉV-Station geradeaus über die Hauptstraße (Kossuth Lajos utca, später als Fußgängerzone Dumtsa Jenő utca), die in den Hauptplatz (Fő tér) mit seinen reich verzierten Barockhäusern mündet. Unterwegs laden die Galerien und Geschäfte in den Innenhöfen auf einen Schaufensterbummel ein. Vom Hauptplatz geht es entweder weiter geradeaus, rechts hinunter zur Donau oder links hinauf auf den kleinen Hügel mit der **serbischen Kathedrale**. Die kleine Kirche trägt ihren imposanten Titel, weil sie als Sitz des orthodoxen Bischofs dient. Sie ist sehr sehenswert, ebenso wie die **Blagowestenska-Kirche** mit ihrer Rokoko-Ikonostase auf dem Hauptplatz (Ecke Görög utca). Beide Kirchen kosten ein paar Hundert Forint Eintritt.

Wer mehr über die Geschichte der serbisch-orthodoxen Kirche in Ungarn und das serbische Leben in Szentendre erfahren möchte, sollte das im alten Lehrerseminar gleich neben der Blagowestenska-Kirche untergebrachte **Kirchengeschichtliche Museum** besuchen. Es wurde 2019 um einen sehenswerten Neubau erweitert und bildet einen würdigen architektonischen Rahmen für die interessante Ausstellung.

Nach den Besichtigungen lohnt sich ein Spaziergang durch die engen Gassen des langgestreckten Ortes, wo man immer wieder auf **versteckte Gärten** und **wunderschöne kleine Plätze** stößt. Zum Ausklang kann man in einem Café am Donauufer einkehren. Einziger Wermutstropfen an Szentendre ist, dass der Ort an Wochenenden mit schönem Wetter sehr überlaufen ist.

› HÉV H5 Szentendre (Abfahrt ab Batthyány tér alle 20–30 Minuten, Fahrzeit ca. 40 Minuten, Zusatzticket aus dem Automaten oder vom Schalter erforderlich) oder von April bis September mit dem Schiff (Abfahrt ab Vigadó tér, Fahrzeit Budapest – Szentendre 90 Minuten, Szentendre – Budapest 60 Minuten, Fahrpreis: 2540 Ft für eine einfache Fahrt, 3820 Ft hin und zurück, weitere Infos unter: www.mahartpassnave.hu)

› **Kirchengeschichtliches Museum (Szerb Egyházi Múzeum)**, Fő tér 6 (Eingang aus der Görög utca), geöffnet: Di.–So. 10–18 Uhr, Eintritt: 1000 Ft

BUDAPEST ERLEBEN

058bp Abb.: mt

Budapest für Kunst- und Museumsfreunde

Budapest bietet eine Vielzahl von Museen für alle Interessengebiete, davon einige Sammlungen von internationalem Rang. Besonders interessant dürften für Kunstfreunde auch die Werke ungarischer Künstler aller Epochen sein, die man im Ausland eher selten findet.

M3 **Aquincum,** III. Szentendrei út 135, HÉV H5 Aquincum oder Zug aus Budapest-Nyugati (Züge Richtung Esztergom), Tel. 2501650, www.aquincum.hu, geöffnet: Ruinen (April–Okt., in der restlichen Zeit nur bei trockenem Wetter) Di.–Sa. 9–18 Uhr, Ausstellung 10–18 Uhr (1. November–31. März bis 16 Uhr), Eintritt: 1900 Ft (1. November–14. April 1300 Ft). Knappe 15 S-Bahn-Minuten vom Stadtzentrum entfernt befindet sich an einer seit der Antike genutzten Hauptstraße die Wiege Budapests: die Römerstadt Aquincum. Zu besichtigen sind das ausgedehnte Ruinenfeld, an dem man die Struktur der einstigen Bürgerstadt sehr schön nachvollziehen kann, und ein Museum.

M4 [A4] **Felsenkrankenhaus (Sziklakórház),** I. Lovas út 4/c, Bus 16 Dísz tér, www.sziklakorhaz.hu, Tel. +36 707010101, geöffnet: tägl. 10–20 Uhr (letzter Einlass um 19 Uhr), Eintritt: 4000 Ft, 6–19 und 65–69 Jahre 2000 Ft, EU-Bürger über 70 Jahren frei, kein Einlass für Kinder unter 6 Jahren. Eindrucksvolles unterirdisches Krankenhaus im Höhlensystem des Burghügels, das im Zweiten Weltkrieg und während der Revolution 1956 als Lazarett diente. In den Jahrzehnten des Sozialismus waren die Räumlichkeiten als Bunker für einen möglichen Atomkrieg vorgesehen und wurden entsprechend gepflegt. Die Einrichtung aus den 1940er- und 1950er-Jahren ist hervorragend erhalten. Das Krankenhaus kann nur im Rahmen einer der zu jeder vollen Stunde startenden ungarisch- und englischsprachigen Führungen besichtigt werden. Deutschsprachige Führungen auf Anfrage.

› **Historisches Museum der Stadt Budapest (Budapesti Történeti Múzeum),** im Königlichen Palast (7). Interessante Exponate zur Stadtgeschichte in einer schön aufgemachten Ausstellung. Besonders sehenswert sind die gotischen Statuen, die 1974 zufällig in einem Keller gefunden wurden.

M5 [ch] **Holocaust-Gedenkzentrum (Holokauszt Emlékközpont),** IX. Páva u. 39, U-Bahn M3, Straßenbahn 4/6 Corvin-negyed, Tel. 4553333, www.hdke.hu, geöffnet: Di.–So. 10–18 Uhr, Eintritt: 1400 Ft, bis 26 und ab 62 Jahre 700 Ft. In einer umgebauten und um einen unterirdischen Ausstellungstrakt erweiterten ehemaligen Synagoge wird in einer bewegenden, zum großen Teil aus Fotos und Originaldokumenten bestehenden Ausstellung die Ermordung von rund 500.000 ungarischen Juden und Roma während des Zweiten Weltkriegs dokumentiert. Am Beispiel von sechs Familiengeschichten werden die Auswirkungen des zum politischen Programm erhobenen Antisemitismus und Rassismus gezeigt – von der Einschränkung der Bürgerrechte bis zum Genozid.

(37) **Memento Park.** Außergewöhnliche Freiluftausstellung mit kommunistischen Statuen (s. S. 46).

M6 [cf] **Museum für Bildende Kunst (Szépművészeti Múzeum),** XIV. Hősök tere (zur Linken, wenn man frontal vor der Statuengruppe steht), U-Bahn M1 und Bus 105 Hősök tere, www.szepmuveszeti.hu, geöffnet: Di.–So. 10–17.30 Uhr (letzter Eintritt um 17 Uhr), Eintritt: 2800 Ft,

Vorseite: Entspannte Stimmung auf dem Heldenplatz (22)

017bp Abb.: mt

ermäßigt 1400 Ft (nur für die Sammlung, für Sonderausstellungen gelten andere Preise). Bedeutendste Kunstsammlung Ungarns mit Werken großer internationaler Künstler von Dürer bis Picasso.

M7 [ci] **Museum Ludwig (Ludwig Múzeum),** IX. Komor Marcell u. 1 (im Palast der Künste), HÉV H7, Straßenbahn 2 und 24 Müpa-Nemzeti Színház, Tel. 5553444, www.ludwigmuseum.hu, geöffnet: Di.-So. 10-18 Uhr, Eintritt: 1600-3400 Ft. Vom Kölner Kunstsammler-Ehepaar Irene und Peter Ludwig gestiftetes Museum, das beständig gewachsen ist und neben Werken der internationalen Moderne und Postmoderne spannende Sonderausstellungen mit Werken zeitgenössischer Künstler zeigt. Seit 2005 ist das zuvor in einem Seitenflügel des Königlichen Palastes in der Burg untergebrachte Museum in eigens erbauten Räumen im Palast der Künste ansässig.

M8 [de] **Park für Eisenbahngeschichte (Vasúttörténeti Park),** XIV. Tatai út 95, Straßenbahn 14 (vom Lehel tér, Fahrzeit ca. 15 Minuten) oder Bus 30/30A (vom Ostbahnhof, Fahrzeit ca. 20 Minuten) Rokolya utca (vom Ostbahnhof, Fahrzeit ca. 20 Minuten), Tel. 4501497, www.vasuttortenetipark.hu, geöffnet: Di.-So. 10-18 Uhr von Anfang April bis Ende Oktober, Eintritt: 1800 Ft (Kinder von 3 bis 18 Jahren 900 Ft), Familienkarte für 2 Kinder und 2 Erwachsene 4600 Ft, Sonderpreise für Extrafahrten und Veranstaltungen. Spektakulärer, 70.000 m² großer Park in einem ehemaligen Lokschuppen mit zahlreichen historischen Schienenfahrzeugen. In

Beeindruckend - das Denkmal für die Opfer der Shoa im Hof der Großen Synagoge 15

EXTRAINFO

Wissenswertes für den Museumsbesuch

Die **Hinweistafeln** sind in der Regel auf Ungarisch und Englisch beschriftet. Größere Museen bieten auch fremdsprachige **Führungen** an. Montags sind die meisten Museen **geschlossen.** Die angegebenen **Preise** gelten für Erwachsene. Für Schüler, Studenten und Rentner gelten zumeist Sonderpreise. Ab 70 Jahren ist der Eintritt in einigen staatlichen Museen frei (nur für EU-Bürger).

der Sommersaison können Kinder eine Runde mit den Dampf- und Dieselloks drehen.

9 [F4] **Robert-Capa-Zentrum für zeitgenössische Fotografie (Robert Capa Kortárs Fotográfiai Centrum),** VI. Nagymező u. 8, U-Bahn M1, Bus 105 Opera, Tel. 4131310, https://capacenter.hu, geöffnet: tägl. 11–19 Uhr, Eintritt: 1500 Ft, ermäßigt 800 Ft, unter 6 und über 70 Jahren kostenlos. Das nach dem berühmten, gebürtig aus Budapest stammenden Kriegsfotografen Robert Capa benannte Museum zeigt spannende Wechselausstellungen mit Werken zeitgenössischer Fotografen. Daneben werden natürlich auch Capas Werke gezeigt.

› **Ungarische Nationalgalerie (Magyar Nemzeti Galéria),** im Königlichen Palast 7. Die Nationalgalerie bietet einen umfassenden Überblick über die Kunstgeschichte Ungarns von gotischen Flügelaltären über barocke Kunst bis zur Malerei des 19. und 20. Jahrhunderts Hier können Kunstliebhaber vielleicht noch unbekannte, aber nicht minder spannende ungarische Künstler entdecken.

10 [be] **Vasarely-Museum,** III. Szentlélek tér 6, HÉV H5, Straßenbahn 1 Szentlélek tér, Tel. 3887551, www.vasarely.hu, geöffnet: Di.–So. 10–17.45 Uhr, Eintritt: 1400 Ft, bis 26 und ab 62 Jahren 700 Ft. Ein lohnenswerter Ausflug auf den lauschigen Hauptplatz des ehemals unabhängigen und seit 1872 mit Buda und Pest vereinigten Städtchens Óbuda. In der früheren Residenz der Adelsfamilie Zichy wird eine umfassende Werkschau des beliebten Op-Art-Künstlers Victor Vasarely gezeigt, der 1906 als Győző Vásárhelyi im südungarischen Pécs geboren wurde.

EXTRATIPP

Sparen mit der Budapest Card

Wer viele Museumsbesichtigungen und Ähnliches vorhat, kann mit der Budapest Card unter Umständen **bares Geld sparen.** Die Karte wird für einen Zeitraum von 24, 48 oder 72, 96 oder 120 Stunden angeboten (Preis: 6490, 9990, 12.990, 15.990 bzw. 18.990 Ft). Für junge Menschen bis 18 Jahre wird zusätzlich die 72-Stunden-Karte „Junior" zum Preis von 9990 Ft angeboten (hier gilt es zu beachten, dass die Preisnachlässe, die über die Junior-Karte gewährt werden, vom Vollzahlertarif des jeweiligen Dienstleisters abgezogen werden und sich die Karte deswegen nicht unbedingt lohnt, da Kinder und Jugendliche ohnehin zumeist Ermäßigungen erhalten). Die Budapest-Card beinhaltet **freie Fahrt mit öffentlichen Verkehrsmitteln** (außer Standseilbahn und Sessellift und dem „Castle Bus"), zwei geführte **Stadtspaziergänge** in englischer Sprache, eine kostenlose App fürs Smartphone sowie freien Eintritt in das Lukács-Bad (s. S. 82) und in die Nationalgalerie (siehe oben), den Memento Park 37, das Historische Museum der Stadt Budapest, das Nationalmuseum 16, Aquincum (s. S. 50), das Vasarely-Museum (siehe oben), das Museum Kiscell (jeweils nur für die Sammlung, nicht für Sonderaussellungen) und einige weitere Museen. Darüber hinaus erhalten Karteninhaber 10 bis 50 % **Ermäßigung** in rund 70 Museen, Lokalen und anderen Einrichtungen. In Restaurants gilt die Ermäßigung für den ganzen Tisch. Wo die Budapest Card überall gilt, steht im Begleitheft zur Karte. **Erhältlich** ist die Karte online sowie an den BKK-Fahrkartenschaltern, an Hotelrezeptionen, am Flughafen, in den Bahnhöfen und an den Info-Punkten des Budapester Tourismusamtes (s. S. 104).

› **www.budapestinfo.hu**

Budapest für Genießer

In Budapest locken insgesamt **über 7500 gastronomische Betriebe** die hungrigen und durstigen Gäste – vom Straßencafé über den traditionellen Gasthof bis hin zum Gourmettempel. Und das mit gutem Grund: „Essen gehen" ist für viele Ungarn aller Gesellschaftsschichten ein weitaus alltäglicheres Vergnügen als für Deutsche, Österreicher oder Schweizer. **Gemeinsame Mahlzeiten** sind wesentliche Dreh- und Angelpunkte des gesellschaftlichen Lebens. Mittags kehrt man mit den Arbeitskollegen auf ein schnelles Menü ein, abends treffen sich die Ungarn gerne mit Freunden auf ein üppiges Abendessen oder in der aktuellen Lieblingsbar. Letzteres bietet nicht zuletzt eine Gelegenheit, sich außerhalb der häufig sehr engen Wohnverhältnisse zu begegnen. Entsprechend vielfältig ist das gastronomische Angebot Budapests, sodass sicherlich jeder Besucher etwas für seinen Geschmack und sein Portemonnaie finden wird.

Speisekarten liegen in praktisch allen Budapester Gaststätten auch in englischer und/oder deutscher Version vor, wobei das Verstehen der Übersetzungen an manchen Stellen etwas Fantasie erfordert. Gäste aus Österreich sind hierbei aufgrund der gemeinsamen kulinarischen Vergangenheit im Vorteil – Palatschinken und Faschiertes etwa heißen auch auf Ungarisch *palacsinta* und *fasírt*.

Auch aus einem anderen Grund sollte man die Speisekarte des gewählten Restaurants aufmerksam studieren. Neben den vielen ehrlichen und auf Qualität bedachten Gastronomen gibt es einige **schwarze Schafe**, die sich auf Kosten der ausländischen Gäste und der Reputation des Landes bereichern wollen. Immer wieder wird von Fällen berichtet, in denen sich Kellner beim Addieren „irren" oder Posten berechnen, die gar nicht bestellt wurden (nicht selten auf Anweisung der Vorgesetzten). Besonders anfällig für solche Praktiken sind Lokale in den von Touristen gut besuchten Stadtvierteln sowie am Flughafen. Von daher empfiehlt sich stets, den zu erwartenden Betrag beim Bestellen zu überschlagen und sich im Zweifel die Rechnung detailliert erklären zu lassen.

Legal, wenn auch ärgerlich, ist hingegen der weitverbreitete Brauch in den Cafés und Restaurants der Budapester Innenstadt, automatisch eine sogenannte **„Servicegebühr"** in Höhe von 10, 12 oder gar 15 Prozent auf die Rechnung aufzuschlagen. Ist dies der Fall, muss das bereits in der Speisekarte vermerkt sein.

Trinkgeld gibt man in Ungarn eher mehr als weniger (10 bis 15 Prozent des Rechnungsbetrags), und angesichts der niedrigen Gehälter des Bedienungspersonals sollte man ruhig großzügig sein. Falls eine „Servicegebühr" (s. o.) berechnet wurde, braucht man aber nichts extra zu geben, denn bei dem Zuschlag handelt es sich ja bereits um das Trinkgeld.

Ungarische Küche

Wohl jedem Ungarnreisenden aus dem deutschsprachigen Raum ist das **Gulasch** als ungarisches **Nationalgericht** bekannt. Das klassische Gulasch heißt auf Ungarisch *pörkölt*. Vorzugsweise wird Rind- *(marha)*, Kalb- *(borjú)* oder Schweinefleisch *(sertés)* verwendet. Die leichteren Varianten aus Hähnchen *(csirke)*, Wels *(harcsa)* und Pilzen *(gomba)* tragen den Namen *paprikás*. Als Beilage

Gastro- und Nightlife-Areale
Bläulich hervorgehobene Bereiche in den Karten kennzeichnen Gebiete mit einem dichten Angebot an Restaurants, Bars, Klubs, Discos etc.

wählt man zu allen Variationen von *pörkölt* gekochte Kartoffeln *(burgonya)* oder Nockerln *(nokedli, galuska)*.

Als **Vorspeise** zu einer warmen Mahlzeit wird in Ungarn fast immer eine **Suppe** *(leves)* gegessen. Beliebt sind klare Suppen wie etwa Hühnersuppe nach Újházy-Art *(Újházy-tyúkhúsleves)*, Grießnockerlnsuppe *(grízgombócleves)* oder Leberknödelsuppe *(májgombócleves)*. Eine besondere Spezialität Südungarns ist Fischsuppe *(halászlé)*, eine reichhaltige, scharfe Suppe mit Paprika, die gemeinsam mit einer Mehlspeise als komplette Mahlzeit durchgeht.

Bei den **Hauptspeisen** wird man neben dem schon erwähnten *pörkölt* mit einer Fülle an Fleischgerichten konfrontiert. Ob gebraten *(sült)*, paniert *(rántott)* oder gegrillt *(roston sült)* – die ungarische Küche ist legendär deftig. Seit einigen Jahren versuchen viele Küchenchefs, den traditionellen Gerichten durch ungewöhnliche Kombinationen und eine schonende, leichtere Zubereitung neues Leben einzuhauchen.

Ebenso vielfältig sind die warmen **Beilagen** *(köretek)*, die in manchen Restaurants separat gewählt und bezahlt werden. Weniger reichhaltig ist die Auswahl an Salaten. In traditionellen Restaurants gibt es oft gar keine frischen Salate, sondern sauer eingelegtes Gemüse *(savanyúság)*.

Mehlspeisen sind in salzigen und süßen Variationen bekannt. Topfenfleckerln (*túrós csusza*, quadratische Eiernudeln mit Quark) und Nockerln mit Schafsquark *(juhtúrós sztrapacska)* eignen sich sowohl als Beilage als auch als Hauptgericht. Für Schleckermäuler sind Schomlauer Nockerln (*somlói galuska*, eine Kalorienbombe aus Biskuitteig, Vanillecreme und Schokoladensoße) und Palatschinken (*palacsinta*, dünne Pfannkuchen) besonders interessant. Letztere werden zumeist mit Konfitüre oder Topfen gefüllt, eine tolle Variation ist der Gundel-Palatschinken mit einer Füllung aus Walnüssen und Honig, getränkt in einer dunklen Schokoladensoße. Echt ungarisch ist auch die Dobos-Torte aus Biskuitteig und Schokoladenbuttercreme, gekrönt von einer Glasur aus Karamell.

Getränke

Weinbau hat in Ungarn eine lange Tradition. Produziert werden trockene *(száraz)* weiße *(fehérbor)* und rote *(vörösbor)* sowie Dessertweine. Bei den **Weißweinen** werden neben internationalen Sorten viele einheimische Reben angebaut. Der kräftige Furmint oder der blumige Irsai Olivér sind sicherlich eine interessante Entdeckung für Weinfreunde. Generell sind ungarische Weißweine aufgrund der südlicheren Lage des Landes deutlich gehaltvoller und markanter als ihre deutschen, österreichischen und Schweizer Pendants.

Die **Rotweine** werden von den großen Sorten Merlot, Cabernet und Blaufränkisch dominiert. Aus dem Südwesten des Landes, den Weinbaugebieten

▷ Zigeunerprímás gibt es nur noch in wenigen Restaurants

Zigeunermusik – ein Himmel mit immer weniger Geigen

Noch vor wenigen Jahrzehnten waren sie in den Restaurants Ungarns allgegenwärtig: die ***Zigeunerkapellen,*** *die mit Violine, Bratsche, Kontrabass und Zither für die musikalische Untermalung eines guten Abendessens sorgten. Die Musiker entstammen jahrhundertealten Dynastien und beginnen das Erlernen des Instruments bereits im Kleinkindalter. Dementsprechend sind sie echte Virtuosen, die praktisch alles spielen können und auch die ausgefallensten Musikwünsche der Gäste souverän erfüllen. Noten brauchen sie dafür keine, das immense Repertoire und eine vom Gast noch so schief angedeutete Melodie reichen völlig aus.*

009bp Abb.: gk

Heute spielen allenfalls in einer Handvoll Restaurants in Budapest noch echte Zigeunerkapellen (dies ist bei den in diesem Buch empfohlenen Lokalen jeweils angemerkt). Der Nachwuchs bekommt kaum noch eine Chance und verdingt sich ins Ausland oder auf Kreuzfahrtschiffe. So war etwa eines der Todesopfer des im Januar 2012 vor der italienischen Küste havarierten Kreuzfahrtschiffes „Costa Concordia" der ungarische Zigeunerprímás Sándor Fehér. Wenn man jedoch ein Restaurant mit Zigeunermusik erwischt, kann man sich auf ein genuin ***ungarisches Erlebnis*** *gefasst machen. Üblicherweise kommt der Erste Violinist, der „prímás", an die Tische der Gäste, macht Scherze und spielt für sie, was beiden Seiten ein ordentliches Maß an Schlagfertigkeit und Spontaneität abverlangt.*

Falls man die Bespaßung durch den Geiger nicht wünscht, kann man versuchen, leicht den Kopf zu schütteln oder mit ernster Miene vor sich in den Teller zu starren, wobei die Erfolgsaussichten dieser Strategien wechselhaft sind. Wenn man Gefallen an der Darbietung gefunden hat, sollte man der Kapelle einen Obolus spendieren. Das Geld wird hinter den Steg der Violine geklemmt, was einerseits daran liegt, dass der „prímás" beide Hände zum Spielen braucht, und andererseits verhindert, dass jemand Münzen gibt.

Die Musik der Zigeunerkapellen ist übrigens ***keine traditionelle ungarische Volksmusik*** *– diesen bis heute weitverbreiteten Irrtum hat Franz Liszt mit seinen „Ungarischen Rhapsodien" in die Welt gesetzt. Das Repertoire der Zigeunermusiker entwickelte sich vielmehr aus* ***beliebten Kunstliedern*** *und* ***Operettenschlagern*** *des 19. Jahrhunderts. Sie waren gewissermaßen die Pop-Interpreten jener Zeit. Traditionelle ungarische Musik kann man in den einschlägigen Folk-Klubs wie etwa dem „Haus der Traditionen" (s. S. 72) hören.*

Villány und Szekszárd, kommen fruchtige, elegante Weine, aus den nördlicher gelegenen Regionen Sopron und Eger eher säurebetonte.

Der Star unter den **Süßweinen** ist der weltbekannte Tokajer *(tokaji aszú)*, ein sogenannter Ausbruchwein, der aus spät gelesenen, edelfaulen weißen Trauben hergestellt wird. Um den *aszú* besteht ein regelrechter Kult, dem man beispielsweise bei der jährlichen Premiere des aktuellen Jahrgangs auch in Budapest frönen kann.

Eine echt ungarische Getränkespezialität ist der **Pálinka**. Der Begriff darf seit der Einführung eines strengen Gesetzes im Jahr 2002 nur für **Qualitätsbrände** verwendet werden, die aus einheimischem Obst in Ungarn gebrannt und abgefüllt werden. Zusatzstoffe jeglicher Art wie Aromen oder Zucker sind verboten. Das Ergebnis dieser Maßnahme war das Verschwinden von zweifelhaften Fuseln und die Geburt einer ganz eigenen Pálinka-Kultur. Unter Szenegängern ist es heute ausgesprochen „in", statt Bier, Wein oder Cocktails Obstbrand zu bestellen. Durch das aufwendige Verfahren und die teilweise großen Mengen an Früchten, die für eine Einheit *pálinka* verwendet werden müssen, sind die Obstbrände nicht ganz billig, bieten dafür aber ein einmalig intensives Geschmackserlebnis. Beim Bestellen im Lokal unbedingt auf einem echten *pálinka* bestehen, da in der Umgangssprache jegliche nach Frucht schmeckende Spirituose so bezeichnet wird.

Die drei großen **ungarischen Brauereien** Dreher, Borsodi und Soproni gehören internationalen Bierkonzernen, und genau so schmeckt ihr Bier *(sör)* auch. Viel interessanter sind die in den vergangenen Jahren entstandenen Kleinbrauereien, deren Produkte inzwischen in vielen Budapester Bars ausgeschenkt werden – einfach nach *házi* oder *kézműves sör* fragen. Ganz auf solches Bier spezialisiert hat sich die Kneipe Élesztő (s. S. 69).

Beim Kauf von **Mineralwasser** *(ásványvíz)* im Lebensmittelhandel hilft die Farbe des Verschlusses bei der Orientierung: Blau steht für kohlensäurehaltiges *(savas)*, rosa für stilles *(mentes)* Wasser. Das **Leitungswasser** ist trinkbar und sollte dem stets in Plastikflaschen abgefüllten Mineralwasser vorgezogen werden. Das Angebot an **Erfrischungsgetränken** *(üdítő)* ist mit dem in anderen europäischen Ländern identisch. Fast jedes Café bietet ganzjährig hausgemachte Limonade *(házi limonádé)* an, eine leckere Alternative zu den üblichen Softdrinks.

Kulinarischer Tagesablauf

Der kulinarische Tagesablauf in Ungarn gleicht prinzipiell dem in den deutschsprachigen Ländern. Das **Frühstück** *(reggeli)* darf gerne etwas deftiger ausfallen, am Wochenende auch schon einmal als Gabelfrühstück *(villásreggeli)* mit Omelett oder Würstchen.

Mittags geht es oft mit Kollegen in ein nahegelegenes Restaurant. Dementsprechend bieten die meisten Lokale preiswerte **Mittagsmenüs** an, die auch für Touristen eine gute Alternative darstellen. Sonntags steht das große Mittagessen *(ebéd)* mit der Familie im Mittelpunkt.

Nachmittags trinken die Ungarn gerne Kaffee *(kávé)* oder Tee *(tea)* – allerdings weniger ritualisiert, als dies in England oder Deutschland der Fall ist.

Das **Abendessen** *(vacsora)* wird eher später am Abend verzehrt.

Empfehlenswerte Lokale

Bei der Auswahl der folgenden Restaurants wurde neben der Qualität als wichtigstem Kriterium auch auf eine möglichst gute Erreichbarkeit geachtet. In allen Budapester Restaurants empfiehlt sich für abends eine **Tischreservierung**, die man telefonisch und in aller Regel auch auf Deutsch oder Englisch vornehmen kann.

Preiskategorien

Die angegebene Preiskategorie gilt jeweils für ein Hauptgericht am Abend ohne Getränke. Mittags gibt es oft günstigere Menü-Angebote.

€	bis 1500 Ft (bis ca. 4,50 €)
€€	1500–3000 Ft (ca. 4,50–9 €)
€€€	3000–5000 Ft (ca. 9–15 €)
€€€€	über 5000 Ft (über ca. 15 €)

Moderne ungarische und internationale Küche

11 [F7] **Borssó** €€€, V. Királyi Pál u. 14, U-Bahn M3 und M4, Straßenbahn 47/48/49, Bus 9, 15 und 115 Kálvin tér, Tel. 7890975, www.borsso.hu, geöffnet: tägl. 12–23 Uhr. Trendiges, französisch angehauchtes Lokal mitten in der Innenstadt. Neben der ständigen Speisekarte lohnt sich ein Blick auf die aktuellen Angebote. Großartige Weinkarte mit den besten Tropfen Ungarns.

12 [F5] **Dobrumba** €€, VII. Dob u. 5, U-Bahn M2, Straßenbahn 47/48/49, Bus 5, 7, 8E, 9, 108E, 110, 112, 133E und 178 Astoria, Tel. 301940049, www.dobrumba.hu, geöffnet: Mo.–Do. 12–24, Fr./Sa. 12–2, So. 12–24 Uhr. „Vom Atlas bis zum Ararat" lautet das Motto des Dobrumba, und tatsächlich bietet das mitten im historischen jüdischen Viertel gelegene und dennoch preisgünstige Lokal einen bunten Querschnitt an Gerichten des Mittelmeerraums und des Nahen Ostens, von Harira-Suppe bis zur israelischen Schakschuka. Unbedingt reservieren!

13 [B4] **Halászbástya** €€€, I. Szentháromság tér (auf der Fischerbastei), Bus 16 Szentháromság tér, Tel. 2016935, www.halaszbastya.eu, geöffnet: tägl. 10–22 Uhr. Das wohl am spektakulärsten gelegene Restaurant der Stadt: Im und auf dem nördlichen Turm der Fischerbastei wird in historisierender Atmosphäre Gastronomie der Spitzenklasse geboten. Bei gutem Wetter genießt man von der Turmterrasse aus den atemberaubenden Blick über Pest.

14 [F5] **Halkakas** €€, VII. Dohány u. 36 (Eingang aus der Nagydiófa utca), Bus 5, 7, 8E, 108E, 110, 112, 133E, 178 Uránia, Tel. 302260638, www.facebook.com/HalkakasHalbisztro, geöffnet: Mo.–Sa. 12–22 Uhr. Prominenter Vertreter der modernen Budapester Fischküche. Inhaberin Zsuzsi Lévai hat es sich zur Mission gemacht, den Ungarn die Süßwasserfische aus dem eigenen Land, die in den meisten Familien kaum noch auf den Tisch kommen, wieder schmackhaft zu machen. Eine naheliegende Entscheidung: Ihre Familie betreibt eine große Fischzucht. Wer Kabeljau und Co. sucht, wird im Halkakas nicht fündig werden; stattdessen gibt es Wels, Zander und Karpfen in vielen Varianten, von Edel-Fish-&-Chips bis zur köstlichen, üppigen Fischplatte für Zwei.

15 [F5] **Kőleves** €€, VII. Kazinczy u. 37–41, Bus 5, 7, 8E, 10, 110, 112, 133E und 178 Uránia, Tel. 3221011, www.koleves.com, geöffnet: tägl. 12–24 Uhr. Kleines Lokal mit angenehmer Atmosphäre an der Partymeile Kazinczy utca im historischen jüdischen Viertel. Kreative Küche (auch mit vegetarischen Gerichten!) zu erschwinglichen Preisen.

16 [B5] **Manna** €€€, I. Palota út 17, Bus 16 Palota út gyorslift (nur in Richtung Deák

Smoker's Guide

Tabakwaren können in Ungarn ausschließlich in den mit staatlicher Konzession betriebenen **„Nationalen Tabakgeschäften"** (Nemzeti Dohánybolt) gekauft werden. Sie sind an ihrem einheitlichen braunen Schild mit dem Buchstaben „T" erkennbar (siehe Abbildung). Im Budapester Stadtzentrum gibt es sehr viele solche Tabakläden, deren Öffnungszeiten allerdings variieren. Die meisten sind bis 20 oder 22 Uhr, manche sogar rund um die Uhr geöffnet.

Da das Gesetz vorschreibt, dass die Geschäfte von außen nicht einsehbar sein dürfen, erinnern sie mit ihren abgeklebten Schaufenstern und den Betreten-verboten-Schildern für Minderjährige ein wenig an Sexshops. Für besondere Aufregung bzw. Erheiterung sorgte das Tabakgeschäft am Ferenciek tere. Vermieter ist der Franziskanerorden. Für das offenbar sehr gut zahlende Tabakgeschäft räumten die Mönche sogar ihren zuvor dort ansässigen Devotionalienhandel.

Das **Rauchen** ist in allen geschlossenen Räumen, die öffentlich zugänglich sind, **verboten.** Insofern haben sich auch die Kneipengänger in Budapest an den Gang vor die Tür gewöhnen müssen. Darüber hinaus ist das Rauchen in Fußgängerunterführungen, einigen städtischen Parks sowie an sämtlichen Haltestellen öffentlicher Verkehrsmittel verboten.

075bk Abb.: gk

Ferenc tér bedient), Tel. 209999188, www.mannalounge.com, geöffnet: Mo.–Sa. 12–24, So. 12–18 Uhr. In spektakulärer Lage direkt über dem Burgtunnel besticht das Manna mit einer loungigen, orientalisch-asiatisch angehauchten Atmosphäre. Ein Besuch ist besonders im Sommer empfehlenswert, wenn die großzügige Terrasse geöffnet ist. Die Küche bietet kreative, internationale Gerichte.

17 [E6] **Napfényes** €€, V. Ferenciek tere 2 (Ecke Curia utca/Veres Pálné utca), U-Bahn M3, Bus 5, 7, 8E, 15/115, 108E, 110, 112, 133E und 178 Ferenciek tere (auf Linie 15/115 nur in Richtung Gyöngyösi utca/Árpád híd bedient), Tel. 203110313, www.napfenyesetterem.hu, geöffnet: tägl. 12–22.30 Uhr. Flaggschiff der wenigen veganen Restaurants in Budapest. Seit vielen Jahren setzt das Napfényes Maßstäbe, wenn es um rein pflanzliche Kochkunst geht, und mit der Eröffnung der Filiale am Ferenciek tere hat man auch in Sachen Ambiente die Öko-Esoterik-Ecke endgültig verlassen: Die hervorragend komponierten Gerichte treffen in dem Gründerzeitbau in der Innenstadt auf eine klassisch-zeitlose Atmosphäre. Die Speisekarte bietet neben Ungewöhnlichem auch vegan interpretierte ungarische Klassiker, sodass auch fleischlos Essende in den Genuss von Gulasch und Co. kommen können. Besonders preisgünstig ist das ganztägig erhältliche Menü, das gegen Abend aber oft schon ausverkauft ist.

18 [dg] **Olimpia** €€€, VII. Alpár u. 5, Bus 5, 7, 110, 112 und 133E, Reiner Frigyes park, Tel. 3210680, www.olimpiavendeglo.com, geöffnet: Mo.–Fr. 12–15 und 19–22 Uhr, Sa. nur 19–22 Uhr. In einer schäbigen Seitengasse beim Ostbahnhof betreiben Csaba Ádám und Sándor Kis in einem ehemaligen griechischen Lokal (daher der Name) eines der ungewöhnlichsten Restaurants der Stadt: Es gibt keine feste Speisekarte, das Motto lautet „Gegessen wird, was auf den Tisch kommt". Man bestellt 4, 5, 6 oder 7 Gänge, sagt noch kurz, was man nicht mag, und auf Grundlage dieser Angaben und der täglich frischen Zutaten zaubert die Küche kreative Feinschmeckermenüs der Extraklasse. Durch die abstruse, vom Gastronomenduo im Original belassene Griechendeko ist die Atmosphäre angenehm bodenständig. Mittags werden drei Gänge für preiswerte 3200 Ft angeboten, hausgemachtes Sodawasser inklusive. Reservierung unbedingt empfehlenswert!

19 [A3] **Pierrot** €€€, I. Fortuna u. 14, Bus 16 Bécsi kapu tér, Tel. 3756971, www.pierrot.hu, geöffnet: tägl. 11–24 Uhr. Das Pierrot wurde 1982 eröffnet und war damit eine der ersten privaten Gaststätten Budapests. Hervorragende Fischgerichte.

20 [E4] **Tama** €€€€, V. Bajcsy-Zsilinszky út 22, U-Bahn M3, Bus 9 Arany János utca, Tel. 2272227, www.tamabudapest.hu, geöffnet: Mo.–Sa. 11.30–15 und 18–23.30 Uhr. Luxuriöses Gourmetrestaurant mit einer bewusst kurz gehaltenen Speisekarte. Gekocht werden vor allem Fleischgerichte aus einheimischen und mediterranen Zutaten. Das Restaurant ist einer der Preisträger des World Luxury Restaurant Award. Achtung: Dresscode „smart casual".

21 [D4] **Textúra** €€€€, V. Sas u. 6, Bus 15/115 Erzsébet tér (nur in Richtung Boráros tér bedient) oder U-Bahn M1 und Bus 105 Bajcsy-Zsilinszky út oder Bus 9 Szent István Bazilika, Tel. 6179495, www.texturaetterem.hu, geöffnet: Mo.–Sa. 12–16 und 18–24 Uhr. Geniales Restaurant der Spitzenklasse. Die Namen der Gerichte mögen zwar gewohnt klingen, auf dem Teller finden sich jedoch Kompositionen, die eher an Skulpturen erinnern. Trotz des Fine-Dining-Niveaus ist die Atmosphäre angenehm ungezwungen, schöne Innenarchitektur inklusive.

22 [D4] **Urban Betyár** €€€, V. Október 6. u. 16–18, Bus 15/115 Hercegprímás utca (nur in Richtung Gyönygyösi utca/Árpád híd bedient) oder Zrínyi utca (nur in Richtung Boráros tér bedient), Tel. 7963285, www.urbanbetyar.com, geöffnet: tägl. 11–24 Uhr. Genialer Neuzugang in der Budapester Restaurantszene: Das Urban Betyár setzt mit einem wilden Stilmix aus Steampunk und ungarischer Folklore neue Design-Akzente. Bis hin zu den Toiletten und dem Babywickelraum ist alles durchgestylt, ohne aufdringlich

EXTRATIPP

Lecker vegetarisch

Vegetarier haben es oft schwer in Ungarn. Die traditionelle ungarische Restaurantküche kennt eigentlich keine vegetarischen Gerichte. Fleischlose Ernährung gilt bis heute als **Zeichen von Armut,** und dementsprechend ist der Anteil der Vegetarier in der Bevölkerung verschwindend gering, wenn auch stetig wachsend.

Hochburg der veganen Küche in Budapest ist das **Restaurant Napfényes** (s. S. 58), das nach langen Jahren des Schattendaseins in einem Kellerlokal herrliche Räumlichkeiten am Ferenciek tere bezogen hat und damit ein breites Publikum von Touristen über Geschäftsleute bis hin zu Familien anzieht. Eine größere Auswahl an vegetarischen Gerichten bieten zum Beispiel auch das Kőleves (s. S. 57), das Manna (s. S. 57) und natürlich die italienischen (s. S. 63) und indischen Lokale (s. S. 64). Und praktisch jedes Restaurant hat zumindest ein vegetarisches Gericht auf der Speisekarte: gegrillten oder **gebackenen Käse.** Man findet ihn auf der Karte zumeist unter „Warme Vorspeisen", wobei die Größe der Portionen nicht selten die Frage aufwirft, wie jemand danach überhaupt noch ein Hauptgericht essen sollte.

013bp Abb.: mt

zu sein. Thematisch dreht sich alles um die Betyáren, legendäre Räubergesellen im Ungarn des 19. Jahrhunderts. Ihnen ist im Untergeschoss eine Ausstellung gewidmet, während im Erdgeschoss ein Touchscreen über historische Banditen aus aller Welt informiert, vom Engländer Robin Hood bis zum Ungarn Jóska Sobri. Ein Souvenirgeschäft komplettiert das Angebot. Ach ja, essen kann man hier auch, und das sogar ziemlich gut. Die deftige, neu interpretierte ungarische Küche im Urban Betyár ist definitiv eine Kostprobe wert.

Traditionelle ungarische Küche

23 [A3] **21** €€€, I. Fortuna u. 21, Bus 16 Bécsi kapu tér, Tel. 2022113, www.21restaurant.hu, geöffnet: tägl. 11–24 Uhr. Klassische ungarische Küche von Paprikahuhn bis Zanderfilet in Toplage im Burgviertel.

24 [B4] **Alabárdos** €€€€, I. Országház u. 2, Bus 16 Szentháromság tér, Tel. 3560851, www.alabardos.hu, geöffnet: Mo.–Sa. 19–23 Uhr, Sa. auch 12–15 Uhr. Traditionsreiches Restaurant im Burgviertel mit stilecht dekorierten historischen Räumlichkeiten. Serviert werden behutsam neu interpretierte Klassiker der ungarischen Küche, wobei Küchenchef Attila Bicsár die Betonung auf Gerichte jenseits der sattsam bekannten paprika- und gulaschlastigen Rezepte legt.

25 [G4] **Bock Bisztró** €€€, VII. Erzsébet krt. 43–49, Straßenbahn 4/6, Obus 70 und 78 Király utca/Erzsébet körút, Tel. 3210340, www.bockbisztropest.hu, geöffnet: Mo.–Sa. 12–24 Uhr. Das Bock Bisztró ist seit Jahren die erste Adresse, wenn es um traditionelle ungarische Küche auf Spitzenniveau geht. Von Grammeln über Pansencarbonara und Hahnsuppe bis hin zu Ferkelhaxen gibt es alles, was die ungarische Küche hergibt. Unbedingt probieren sollte man die „ungarischen Tapas" von Küchenchef Viktor Varju. Teilhaber des Bock Bisztró ist der wohl bekannteste ungarische Spitzenwinzer, József Bock, dessen Vollsortiment man nicht nur auf der Weinkarte, sondern auch in der zum Lokal gehörenden Weinhandlung findet. Das Restaurant befindet sich im Gebäude des Corinthia Hotel, ist aber von der Straße aus zugänglich. Reservierung dringend empfohlen.

26 [D4] **Börze** €€€, V. Nádor u. 23, Bus 15/115 Széchenyi utca (nur in Richtung

Die Budapester essen und trinken gern unter freiem Himmel

Boráros tér bedient), Tel. 4265460, www.borzeetterem.hu, geöffnet: tägl. 7.30–24 Uhr. Da die Budapester Wertpapierbörse schon Jahrzehnte vor der Eröffnung dieses Lokals aus dem Börsenpalast (s. S. 37) schräg gegenüber am Szabadság tér 26 ausziehen musste, haben hier noch nie gestresste Trader vor Beginn des Arbeitstages ihren doppelten Espresso hinuntergestürzt, wenn auch die Öffnungszeit um 7.30 Uhr dies zuließe. Man kann in der Börze gemütlich frühstücken, das Angebot reicht von Smoothies bis zu elf verschiedenen Ei-Varianten. Auch das täglich wechselnde Mittagsmenü mit zwei Gängen für 1490 Ft kann sich sehen lassen. Herzstück ist jedoch die Abendkarte mit ihrem Schwerpunkt auf hervorragend zubereiteter, klassischer Budapester Küche. Unbedingt probieren sollte man die Hühnersuppe nach Újházy-Art, hier aus Perlhuhn zubereitet. Das inzwischen selten gewordene Geflügel dient der Börze auch als Logo.

27 [D4] **Café Kör** €€€, V. Sas u. 17, U-Bahn M3, Obus 72 und 73 Arany János utca, Tel. 3110053, www.facebook.com/cafekorrestaurant, geöffnet: Mo.–Sa. 10–22 Uhr. Bei ausländischen Gästen sehr beliebtes, stilvolles Lokal in der Nähe der St.-Stephans-Basilika. Traditionelle ungarische Küche mit wechselnder Tageskarte. Eher für gesellige Runden als für romantische Diners geeignet, da das Lokal immer sehr gut besucht ist. Aus diesem Grund ist auch eine Reservierung unbedingt empfehlenswert. Achtung: Bezahlung nur mit Bargeld möglich!

28 [E6] **Centrál** €€€, V. Károlyi u. 9, U-Bahn M3, Bus 5, 7, 8E, 15, 10, 110, 112, 115, 133E und 178 Ferenciek tere (auf der Linie 15/115 nur in Richtung Gyöngyösi utca/Árpád híd bedient), Tel. 2662110, www.centralkavehaz.hu, geöffnet: tägl. 8–23 Uhr. Das Centrál war von seiner Eröffnung 1887 bis zur Verstaatlichung 1949 einer der wichtigsten Treffpunkte der Budapester Schriftsteller und Intellektuellen. Sogar während der düsteren Jahre des Zweiten Weltkriegs fand hier eine regelrechte „Freie Universität" statt, wie es einer der damaligen Gäste treffend beschrieb. Nach einer wenig rühmlichen Geschichte als Kantine und Studentenklub feierte das Centrál 1999 seine Auferstehung und pflegt die Traditionen des Pester Bürgertums, was sowohl in der Atmosphäre als auch auf der Speisekarte seinen Niederschlag findet.

29 [D4] **Első Pesti Rétesház** €€, V. Október 6. u. 22, U-Bahn M3, Obus 72 und 73 Arany János utca, Tel. 4280134, www.reteshaz.com, geöffnet: Mo.–Do. 10–1 Uhr, Fr. 10–2 Uhr, Sa. 12–2 Uhr, So. 12–24 Uhr. Viele Kenner sind davon überzeugt, dass in Ungarn die besten Strudel der Welt gemacht werden. Das „Erste Pester Strudelhaus", so der Name des Lokals, versucht sich mit innovativen Rezepten und neu interpretierten Klassi-

EXTRATIPP

Restaurants mit guter Aussicht

Wer sich beim Speisen auch einer schönen Aussicht erfreuen möchte, ist im Burgviertel am besten im Restaurant **Halászbástya** (s. S. 57) auf der Fischerbastei aufgehoben. Von hier genießt man einen spektakulären Blick auf die Pester Innenstadt und die Donaubrücken. Ein ähnliches Panorama bietet übrigens das Restaurant Icon des nebenan gelegenen Hotels Hilton.

Wer lieber die Budaer Seite im Blick behalten möchte, sollte einen Besuch des **Szegedi Halászcsárda** (s. S. 62) ins Auge fassen.

Und wer in die Vollen gehen und das komplette Stadtbild mit Buda und Pest beim Schlemmen genießen möchte, sollte eine **Schifffahrt** auf der Donau mit Abendessen buchen (s. S. 115).

kern in die Tradition der Strudelherstellung einzureihen.

30 [F6] **Ruben** €€, V. Magyar u. 12–14, U-Bahn M2, Straßenbahn 47/48/49, Bus 5, 7, 8E, 9, 108E, 110, 112, 133E und 178 Astoria, Tel. 2663649, www.rubenrestaurant.hu, geöffnet: tägl. 12–24 Uhr. Tolles Restaurant in der Innenstadt, das klassische ungarische Küche mit trendiger, zeitgemäßer Atmosphäre kombiniert. Sehr moderate Preise!

31 [E7] **Szegedi Halászcsárda** €€, V. Belgrád rkpt., Internationale Schiffsanlegestelle, U-Bahn M4, Straßenbahn 2 und 47/48/49, Bus 15/115 Fővám tér (Bus 15/115 nur in Richtung Boráros tér bedient), Tel. 2350865, www.szegedihalaszcsarda.hu, geöffnet: tägl. 11–24 Uhr. Sehr preisgünstiges Restaurant in spektakulärer Lage. Direkt am Donauufer genießt man traditionelle, ländlich-ungarische Küche mit Schwerpunkt auf Fischgerichten. Letzteres ist naheliegend: Inhaber Sándor Frank stammt aus dem südungarischen Szeged und betreibt dort neben zwei Restaurants auch eine Fischzucht. Bei schönem Wetter ist die Aussicht von der Terrasse auf Donau und Gellért-Berg unübertroffen. Einziger Wermutstropfen ist der zuweilen etwas laute Verkehr auf der unmittelbar angrenzenden Uferstraße. Abends ab und zu Zigeunermusik.

Jüdisch-ungarische Küche

32 [F5] **Carmel** €€€, VII. Kazinczy u. 31, Bus 5, 7, 8E, 108E, 110, 112, 133E und 178 Uránia, Tel. 3221834, www.carmel.hu, geöffnet: Mo.–Do. sowie So. 12–23, Fr./Sa. 12–14 Uhr, freitagabends auf Vorbestellung. Dieses streng koschere Restaurant liegt direkt neben der orthodoxen Synagoge (ist aber kein exklusiv orthodoxes Lokal, alle Gäste sind willkommen) und bietet den gesamten Querschnitt der jüdisch-ungarischen Küche auf hohem Niveau. Freitagabends und samstagmittags werden je zwei feste Sabbat-Menüs angeboten; für diese Tage muss im Voraus reserviert werden.

33 [F4] **Kádár** €, VII. Klauzál tér 9, Straßenbahn 4/6 Wesselényi utca oder Obus 74 Nyár utca/Erzsébet körút (nur in Richtung Károly körút bedient), Tel. 3213622, geöffnet: Di.–Sa. 11.30–15.30 Uhr. Rot-weiß karierte Tischdecken, Sodawasser auf dem Tisch und vor allem die Speisekarte machen das Kádár zu einem der urigsten Lokale der Stadt. Hier wird noch echte Hausmannskost geboten, samstags gibt es das traditionelle jüdische Scholet.

34 [F5] **Macesz Bistro** €€, VII. Dob u. 26, Bus 5, 7, 8E, 108E, 110, 112, 133E und 178 Uránia, Tel. 7876164, www.maceszbistro.hu, geöffnet: Mo.–Mi. 12–16 und 18–23, Do.–Sa. 12–16 und 18–24, So. 12–16 und 18–23 Uhr. Gemütliches Restaurant mit allen Klassikern der jüdisch-ungarischen Küche und einigen interessanten Neukreationen. Besonders lecker sind die vegetarische „Matzagne“ (eine Gemüselasagne mit Matzen anstatt der Nudelplatten) und die traditionellen Gerichte aus Gänsefleisch.

35 [cg] **Rosenstein** €€€, VIII. Mosonyi u. 3, U-Bahn M2 und M4, Bus 5, 7, 7E, 8E, 108E, 110, 112, 133E und 178 Keleti pályaudvar, Tel. 3333492, www.rosenstein.hu, geöffnet: Mo.–Sa. 12–23 Uhr. Schon seit vielen Jahren ist Tibor Rosensteins Restaurant trotz seiner wenig glamourösen Lage in einer Seitengasse neben dem Ostbahnhof eine feste Anlaufstelle für Feinschmecker, die der traditionellen jüdischen und ungarischen Kochkunst frönen möchten. Dabei verlässt sich Herr Rosenstein, der selbst am Herd steht, auf die überlieferten Rezepte seiner Familie und seinen eigenen Geschmack – und der kennt keine Scheuklappen: „Alles, was gut ist, ist koscher“, zitiert er mit einem Augenzwinkern seine Großmutter und scheut sich nicht, auch Gerichte zuzubereiten, die

EXTRATIPPS

Dinner for one

Alleinreisende Gäste sind in allen Budapester Lokalen gerne gesehen, niemand wird schief angeschaut. Am schnellsten ins Gespräch mit Einheimischen und anderen Budapest-Besuchern kommt man in den **Restaurants** und **Cafés** auf dem **Liszt Ferenc tér** [F4] und in der **Ráday utca** [F7/8], wo die Tische bei gutem Wetter dicht an dicht stehen.

Viele kleinere Cafés pflegen außerdem einen sehr persönlichen Umgangston jenseits von unverbindlicher Service-Freundlichkeit, so etwa das **Fröhlich** (s. S. 65) oder das **Zsivágó** (s. S. 66).

Für den späten Hunger

In den meisten Restaurants hat die Küche bis 22 Uhr geöffnet. Wer danach noch Hunger hat, bekommt in vielen Bars und Abbruchklubs auch zu später Stunde einen warmen Imbiss. Unter Nachtschwärmern genießt das Schnellrestaurant **Montenegrói Gurman** einen guten Ruf. Hier erhält man rund um die Uhr frische Grillspezialitäten vom Balkan. Einen zusätzlichen Rettungsanker für Hungrige bieten die zahlreichen **Dönerbuden** am Großen Ring (s. S. 41) zwischen Westbahnhof und Blaha Lujza tér.

41 [G5] **Montenegrói Gurman,** VII. Rákóczi út 54, am Blaha Lujza tér unter den Arkaden

den strengen jüdischen Regeln möglicherweise nicht ganz entsprechen.

36 [F5] **Spinoza** €€, VII. Dob u. 15, U-Bahn M2, Straßenbahn 47/48/49, Bus 5, 7, 8E, 9, 108E, 110, 112, 133E und 178 Astoria, Tel. 4137488, www.spinozahaz.hu, geöffnet: tägl. 8–23 Uhr. In der Nähe der Großen Synagoge gelegen, bietet das Spinoza leichte, israelisch angehauchte Küche. Auch der Klassiker der jüdischen Budapester Küche, die Gänsesuppe mit Matzenknödeln, darf nicht fehlen. Abends werden die Gäste mit Klaviermusik unterhalten, ab und zu finden im benachbarten Theatersaal Konzerte und Kleinkunstvorstellungen statt.

Italienische Küche

37 [F5] **Fausto's** €€€€, VII. Dohány u. 3, U-Bahn M2, Straßenbahn 47/48/49, Bus 5, 7, 8E, 9, 108E, 110, 112, 133E und 178 Astoria, Tel. 30 5891813, www.fausto.hu, Mo.–Fr. 12–15 und 19–23 Uhr, Sa. 18–23 Uhr. Budapests Nobelitaliener schlechthin, mit einer erlesenen Auswahl an mediterranen Gerichten.

38 [F5] **Osteria** €€€, VII. Dohány u. 5, U-Bahn M2, Straßenbahn 47/48/49, Bus 5, 7, 8E, 9, 108E, 110, 112, 133E und 178 Astoria, Tel. 2696806, www.osteria.hu, geöffnet: Mo.–Sa. 12–23 Uhr. Fausto di Voras zweiter Streich ist eine einfache Osteria – zumindest im Vergleich zu seinem anderen Lokal, dem noblen Fausto's nebenan (s. oben).

39 [D4] **Pomo D'oro** €€€, V. Arany János u. 9, Straßenbahn 2, Bus 16 und 105 Széchenyi István tér oder Bus 15/115 Széchenyi utca (nur in Richtung Boráros tér bedient), Tel. 3026473, www.pomodorobudapest.com, geöffnet: tägl. 12–24 Uhr. Das Pomo D'oro wird von Budapests wohl bekanntestem Italiener geführt: Gianni Annoni ist in Ungarn nicht nur als Gastronom, sondern auch als Fernsehkoch bekannt, und selbst sein Engagement als Reklamegesicht einer Discounterkette konnte dem exzellenten Ruf des Pomo D'oro als Edel-Trattoria nichts anhaben. Hervorragende mediterrane Küche nach authentischen Rezepten mit besten Zutaten zubereitet.

40 [E7] **Toscana** €€, V. Belgrád rakpart 13–15, U-Bahn M4, Straßenbahn 2 und 47/48/49, Bus 15/115 Fővám tér (Bus 15/115 nur in Richtung Boráros tér bedient), Tel. 3270045, www.toscana.hu, geöffnet: tägl. 12–24 Uhr. Klassisches italienisches Restaurant mit authentischer Atmosphäre. Die Speisekarte bietet einen hervorragenden Querschnitt der italienischen Küche, auch die Pizza aus dem Holzofen ist sehr lecker. Schöne Terrasse mit Donaublick.

Indische und asiatische Küche

42 [E7] **Biang Bisztró** €€, V. Vámház krt. 5, U-Bahn M4, Straßenbahn 2, 47, 48, 49, Bus 15/115 Fővám tér (Bus 15/115 wird nur in Richtung Boráros tér bedient), Tel. 706711551, geöffnet: tägl. 11.30–21.30 Uhr. Außergewöhnliches asiatisches Edel-Streetfood vom bekanntesten chinesischen Koch Budapests, Wang Qiang vom Restaurant Wang étterem (siehe unten). Spannende Industrial-Atmosphäre direkt neben der Großen Markthalle 18.

43 [F3] **Indigo (1)** €€, VI. Jókai u. 13, U-Bahn M3, Straßenbahn 4/6, Bus 9, 26, 91, 191, 226, 291 Nyugati pályaudvar oder U-Bahn M1, Straßenbahn 4/6, Bus 105 Oktogon, Tel. 4282187, www.indigo-restaurant.hu, geöffnet: tägl. 12–23 Uhr. Edel eingerichtetes indisches Restaurant ohne den üblichen Indien-Kitsch. Sehr gutes Essen. Eine Dependance befindet sich in Buda:

44 [A2] **Indigo (2)** €€, II. Fény u. 16 (hinter dem Einkaufszentrum Mammut beim Széll Kálmán tér)

45 [dg] **Wang étterem** €€, XIV. Gizella u. 46/A, Straßenbahn 1, Bus 5, 7, 7E, 8E, 108E, 110, 112 und 133E Zugló vasútállomás Tel. 2512959, www.kinaikonyha.hu, geöffnet: Mo.–Fr. 11.30–23, Sa./So. 12–23 Uhr. Zweifelsohne das beste asiatische Restaurant der Stadt. Da sich ein großer Teil der Gäste aus der chinesischen Kolonie Budapests rekrutiert, kommt „Meister Wangs Küche" ohne die in europäischen Chinarestaurants übliche, kitschige, pseudo-chinesische Einrichtung aus. Auch die Kochkunst von Inhaber Wang Qiang ist absolut authentisch, wird aus direkt importierten Zutaten zubereitet und macht kaum Zugeständnisse an den westlichen Massengeschmack. Für Freunde der chinesischen Küche und neugierige Feinschmecker lohnt sich der Abstecher in das etwas abseits gelegene Viertel beim Stadtwäldchen.

Kaffeehäuser und Cafés

46 [B3] **Angelika,** I. Batthyány tér 7, U-Bahn M2, Straßenbahn 19/41, Bus 11, 39 und 111 Batthyány tér, www.angelikacafe.hu, geöffnet: tägl. 9–24 Uhr (November bis März nur bis 23 Uhr). Besonders wegen seiner zur Donau weisenden Sommerterrasse mit tollem Blick auf das Parlament empfehlenswert. Neben Kaffee und Kuchen werden auch „richtige" Speisen angeboten.

47 [E6] **Auguszt,** V. Kossuth Lajos u. 14–16, U-Bahn M3, Bus 5, 7, 8E, 15, 108E, 110, 112, 115, 133E und 178 Ferenciek tere (auf der Linie 15/115 nur in Richtung Gyöngyösi utca/Árpád híd bedient), www.augusztcukraszda.hu, geöffnet: Mo.–Fr. 9–19 Uhr, Sa. 11–18 Uhr. 1870 (an anderer Stelle) gegründeter Familienbetrieb in einem typischen Mietshaus der Pester Innenstadt. Hier kann man von Esterházy- bis Dobos-Torte alle Klassiker der ungarischen Konditorenkunst probieren. Bei gutem Wetter sitzt man im Innenhof.

48 [E6] **Big Ben,** V. Veres Pálné u. 10, U-Bahn M3, Bus 5, 7, 8E, 15, 108E, 110, 112, 115, 133E und 178 Ferenciek tere (auf der Linie 15/115 nur in Richtung Gyöngyösi utca/Árpád híd bedient), www.bigbenteahaz.hu, geöffnet: Mo.–Sa. 10–22, Sept.–Mai zusätzlich So. 10–20 Uhr. Modern eingerichtetes, gemütliches Teehaus.

49 [A5] **Déryné,** I. Krisztina tér 3, Straßenbahn 56, Bus 16, 105 und 178 Krisztina tér (auf der Linie 16 nur in Richtung Deák Ferenc tér, auf der Linie 178 nur in Richtung Naphegy tér bedient) oder Bus 5 und

178 Alagút utca (auf der Linie 178 nur in Richtung Keleti pályaudvar bedient), geöffnet: tägl. 7.30–1 Uhr. Trendiges Café und Bistro am Fuß des Burgviertels. Sehr gute, hausgemachte Limonaden und toller Mittagstisch.

50 [E4] **Espressoul,** V. Hercegprímás u. 17, Bus 15/115 Hercegprímás utca (nur in Richtung Gyöngyösi utca/Árpád híd bedient) oder U-Bahn M3 und Bus 9 Arany János utca, www.damniczkibudapest.hu, geöffnet: Mo.–Fr. 9–20, Sa. 11–21, So. 11–20 Uhr. Für viele das beste Eis der Stadt! Neben traditionellen Sorten gibt es spannende Kreationen von Starkonditor Balázs Damniczki, von Himbeere-Rotwein bis Gurke. Auch im Winter lohnt sich der Besuch des trendigen Cafés beim Szabadság tér 26 wegen des tollen Gebäcks und der hochwertigen Kaffeespezialitäten.

51 [F6] **Fekete,** V. Múzeum krt. 5 (im Innenhof), U-Bahn M2, Straßenbahn 47/48/49, Bus 5, 7, 8, 9, 108E, 110, 112, 133E und 178 Astoria, www.feketekv.hu, geöffnet: Mo.–Fr. 8–19, Sa. 8.30–19, So. 9–18 Uhr. Angesagtes Café mit hochwertigen Produkten in einem wunderschönen Innenhof.

52 [E2] **Figaro,** XIII. Borbély u. Ecke Katona József u., U-Bahn M3, Straßenbahn 4/6, Bus 9, 26, 91, 191, 226 und 291, Obus 72 und 73 Nyugati pályaudvar oder Bus 15/115 Szent István körút, geöffnet: tägl. 8–22 Uhr. Eine grüne Oase in der Großstadt: Mitten im XIII. Bezirk schlürft man seinen Kaffee auf einem leeren Grundstück an einem kleinen Gartenteich unter alten Bäumen. Nur bei gutem Wetter geöffnet.

53 [F5] **Fröhlich,** VII. Dob u. 22, U-Bahn M2, Straßenbahn 47/48/49, Bus 5, 7, 8E, 9, 108E, 110, 112, 133E und 178 Astoria, www.frohlich.hu, geöffnet: Mo.–Do. 9–18 Uhr, Fr. 9–14 Uhr, So. 10–18 Uhr, samstags und an jüdischen Feiertagen geschlossen. Etwas versteckt im historischen jüdischen Viertel befindet sich „die einzige koschere Konditorei Europas östlich von Zürich", wie Inhaber György Fröhlich sagt. Unbedingt probieren sollte man das Glanzstück der jüdischen Zuckerbäcker von Pest, den „Flódni" – praktischerweise spart man sich mit dem Genuss der mit Mohn, Apfel und Walnuss zubereiteten Kalorienbombe auch gleich die folgende Mahlzeit.

54 [E6] **Gerlóczy,** V. Kamermayer Károly tér, U-Bahn M3, Bus 5, 7, 8E, 15, 108E, 110, 112, 115, 133E und 178 Ferenciek tere (auf der Linie 15/115 nur in Richtung Gyöngyösi utca/Árpád híd bedient), www.gerloczy.hu, geöffnet: tägl. 7–23 Uhr. Obwohl erst vor einigen Jahren eröffnet, gibt das Gerlóczy die Atmosphäre der legendären „alten" Budapester Kaffeehäuser am authentischsten wieder. Von früh morgens bis spät am Abend kann man hier einfach sitzen und an seinem Kaffee nippen, unter der alten Kastanie die Seele baumeln lassen, lesen und schreiben, Menschen beobachten, Frühstück, Mittagstisch und Abendessen verzehren oder dem Musiker zuhören, der abends auf der goldenen E-Harfe „My way" spielt. Und so entspannt, lässt man sich auch von den nicht ganz billigen Preisen und der langsamen Bedienung nicht aus der Ruhe bringen.

55 [D4] **Hütte,** V. Szabadság tér, mitten auf dem Platz, U-Bahn M2, Straßenbahn 2, Bus 15/115, Obus 70 und 78 Kossuth Lajos tér, geöffnet: tägl. 8–24 Uhr. Terrassencafé auf der Rasenfläche des Szabadság tér. Im Sommer sitzt man mitten auf dem riesigen Platz – und im Winter auch, denn dann ist die „Hütte" mit einem transparenten, aufblasbaren Zelt überzogen.

56 [B5] **Korona,** I. Dísz tér 16, Bus 16 Dísz tér, geöffnet: tägl. 10–19 Uhr. Vor allem bei auswärtigen Besuchern beliebtes Café mitten im Burgviertel. Das Korona gehört ebenso wie das

berühmte Ruszwurm einem Zweig der Konditorenfamilie Szamos.

57 [F4] **Művész,** VI. Andrássy út 29, U-Bahn M1, Bus 105 Opera, www.muveszkavehaz.hu, geöffnet: Mo.-Mi. 9-22 Uhr, Do.-Sa. 9-24 Uhr, So. 10-22 Uhr. Seit 1898 beliebter Treffpunkt von indisponierten Opernsängern und erschöpften Touristen.

58 [E5] **My Little Melbourne,** VII. Madách Imre út 3, U-Bahn M1, M2 und M3, Straßenbahn 47/48/49, Bus 9, 16 und 105 Deák Ferenc tér, www.mylittlemelbourne.hu, geöffnet: Mo.-Fr. 7-19, Sa./So. 8.30-19 Uhr. Vorreiter der „Third Wave of Coffee"-Bewegung, die in den vergangenen Jahren auch nach Budapest geschwappt ist. In der Espresso Bar werden erlesene Kaffees aus eigener Röstung ausgeschenkt, in der angeschlossenen Schule kann man sich zum Barista ausbilden lassen.

59 [ch] **Nem Adom Fel,** VIII. Magdolna u. 1, Bus 9, Obus 83 Horváth Mihály tér, www.nemadomfelkavezo.hu, Mo.-Fr. 10-22, Sa. 12-22 Uhr. Dieses Café in einem von Touristen selten besuchten Teil des VIII. Bezirks wird von behinderten und dauerhaft für arbeitsunfähig erklärten Menschen betrieben. Der Name des Cafés ist programmatisch und lautet ins Deutsche übersetzt: „Ich gebe nicht auf". Die Arbeit hier soll den Angestellten ein selbstbestimmtes Leben ermöglichen und anderen zeigen, dass es auch für diejenigen Menschen Hoffnung geben kann, die viel zu oft ein Leben am Rande der Gesellschaft fristen müssen. Und auch ganz unabhängig hiervon ist das Nem Adom Fel ein sehr nettes Café mit umfangreicher Getränke- und Speisekarte.

60 [F4] **Párisi,** VI. Andrássy út 39, U-Bahn M1, Straßenbahn 4/6, Bus 105 Oktogon, www.cafeparisi.hu, geöffnet: tägl. 9-21 Uhr. Tolles Café im Prunksaal des ehemaligen „Pariser Kaufhauses", überladen mit Gold, Spiegeln und Fresken des Künstlers Károly Lotz, der auch die Innenräume des Parlaments 29 und der Staatsoper 20 gestaltete. Der Saal befindet sich im ersten Stock des ansonsten als Ausstellungsort genutzten Jugendstilgebäudes, der Zugang erfolgt über die Rolltreppe gegenüber dem Haupteingang.

61 [D9] **Pupi Cake,** XI. Bartók Béla út 25, Straßenbahn 19/41, 47/48/49 und 56 Gárdonyi tér, Tel. 302382440, www.pupicake.hu, geöffnet: Mo.-Fr. 8-18, Sa. 10-17 Uhr. Winziges, niedliches Café mit vier Sitzplätzen und einer Auswahl an ungewöhnlichen Kuchen- und Tortenkreationen, die allesamt in der Backstube oberhalb des Verkaufsraums entstehen.

62 [D5] **Szamos Gourmet Ház,** V. Váci u. 1, U-Bahn M1 Vörösmarty tér, www.szamosmarcipan.hu, geöffnet: tägl. 8.30-21 Uhr. Neues Café der Familie Szamos im traditionellen Stil, mitten im Pester Stadtzentrum. In der Schokoladenmanufaktur kann man den Konditoren bei der Arbeit über die Schulter schauen.

63 [F5] **Uránia,** VIII. Rákóczi út 21, Bus 5, 7, 8E, 108E, 110, 112, 133E und 178 Uránia, www.urania-nf.hu/en/urania_cafe, tägl. 10-22 Uhr. Intimes Café in der oberen Etage des denkmalgeschützten Uránia-Filmtheaters. Nicht nur Kinofans können in dem einzigartigen, neo-maurischen Gemäuer ihren Kaffee genießen.

64 [F4] **Zsivágó,** VI. Paulay Ede u. 55, U-Bahn M1, Straßenbahn 4/6, Bus 105 Oktogon, Mo.-Fr. 10-24 Uhr, Sa. 12-24, So. 14-22 Uhr. Verblichene Sofas, ein ausrangiertes Klavier und natürlich der Samowar versetzen die Gäste des nach der Romanfigur Dr. Schiwago benannten Cafés in die Zeit des untergehenden russischen Bürgertums der Wende vom 19. zum 20. Jahrhundert. Die russisch-ungarische Wirtin Anna Pavlov verwöhnt die Besucher ihres kleinen Lokals mit original russischen Snack-Spezialitäten, richtig gutem Wodka und abends mit russischer und ungarischer Livemusik.

Budapest am Abend

Nachtleben

Budapest ist eine der **angesagtesten Partymetropolen** Mitteleuropas. Viele Kneipen und Klubs nehmen den etwas verblichenen Charme der innerstädtischen Stadtviertel auf und sorgen so für eine Atmosphäre, die von einem angenehmen Understatement bestimmt wird. Selbstverständlich gibt es auch hier Etablissements für die Reichen und Schönen, aber das sogenannte **„alternative" Element** hat in der Klubszene deutliches Übergewicht.

Entsprechend unaufgeregt geht es im Nachtleben allgemein zu. Eintritt wird nur verlangt, wenn es Livemusik gibt (und selbst dann nicht immer), Dresscodes und Einlasskontrollen gibt es allerhöchstens in veritablen Edeldiscos. Ansonsten gilt die Devise „Leben und leben lassen". Nur bei lauten Unterhaltungen auf der Straße vor den Klubs kann das Sicherheitspersonal extrem ungemütlich werden, denn manche Kommunalpolitiker gehen mit dem Versprechen der Einführung von Sperrstunden und „Ruheverordnungen" auf Stimmenfang. Bislang sind sie damit aber weitgehend erfolglos geblieben, sodass die Party zumindest am Wochenende bis in die Morgenstunden steigt.

Schwerpunkt des Nachtlebens ist das historische jüdische Viertel um die **Kazinczy utca** [F5]. Hier reihen sich Klub an Klub und Kneipe an Kneipe. Deutlich touristischer ist der **Liszt Ferenc tér** [F4] nebst Seitengassen in der Nähe des Oktogon, was aber nicht unbedingt schlecht sein muss: Besonders im Sommer ist die Atmosphäre auf dem mit alten Bäumen bestandenen Platz wirklich angenehm. Interessante Orte findet man auch im VIII. Bezirk um den **Mikszáth Kálmán tér** [G7], wo vor allem studentisches Publikum anzutreffen ist. Die vom Kálvin tér ausgehende **Ráday utca** [F7/8] wiederum wurde auf gesteuerte Weise zu einer Gastromeile ausgebaut. Hier sitzt man im Sommer bis spät in die Nacht draußen und genießt die Großstadtatmosphäre.

Buda ist aus der Party-Perspektive betrachtet tiefste Provinz, lediglich das Schiff A38 und das Szatyor sorgen für einen – allerdings umso helleren – Lichtblick.

014bp Abb.: gk

Auch Franz Liszt war von der Musikmetropole Budapest begeistert

Bars, Klubs und Kneipen

65 [F4] **360 Bar,** VI. Andrássy út 39, U-Bahn M1, Straßenbahn 4/6, Bus 105 Oktogon, www.360bar.hu, geöffnet: Mitte April–Mitte Sept. Mo.–Mi. 14–24, Do.–Sa. 14–3, So. 10–24 Uhr. Sensationell gelegene Terrasse auf dem Dach des Pariser Kaufhauses mit tollem Ausblick über die gesamte Stadt. Der Aufgang befindet sich rechts vom Haupteingang der Buchhandlung Alexandra. Abends gibt es manchmal Schlangen beim Einlass.

66 [F10] **A38,** XI. Pázmány Péter sétány (fest angetäutes Schiff an der Budaer Seite der Petőfi-Brücke), Straßenbahn 4/6, Bus 212 Petőfi híd budai hídfő, Tel. (Restaurant) 4643946, www.a38.hu, geöffnet: Klub: tägl. 11–4 Uhr, Deck: tägl. 16–4 Uhr, Restaurant: Mo.–Sa. 11–23 Uhr. Das zur Bar, Galerie und zum Musikklub umfunktionierte ehemalige Frachtschiff wurde vor einigen Jahren einmal zur „besten Bar der Welt“ gekürt. Das A38 bietet ein anspruchsvolles Programm und ist der bevorzugte Budapester Auftrittsort für in- und ausländische Bands von Jazz bis Punkrock. Bei schönem Wetter sind die Außendecks ein wunderbarer Ort, um sich bei einem Drink die Donaubrise um die Nase wehen zu lassen. Auch das Restaurant im Oberdeck ist hervorragend.

67 [E6] **Fat Mo's,** V. Nyáry Pál u. 11, U-Bahn M3, Bus 5, 7, 8E, 15, 108E, 110, 112, 115, 133E und 178 Ferenciek tere (auf der Linie 15/115 nur in Richtung Gyöngyösi utca/Árpád híd bedient), www.fatmo.hu, geöffnet: Mo.–Mi. 17–1 Uhr, Do.–Sa. 17–3 Uhr, So. 17–1 Uhr. Dieser täglich live bespielte, klassische Rock- und Bluesklub wurde nach „Fat“ Mo Smith, einem der legendären Alkoholfahnder der amerikanischen Prohibitionszeit, benannt. Aber keine Sorge, Fat Mo eröffnete nach dem Ende seiner Beamtenlaufbahn selbst eine Kneipe, und auch in der Nyáry Pál utca in der Pester Innenstadt kommen Freunde des gepflegten Bieres auf ihre Kosten.

68 [F3] **Kiadó,** VI. Jókai tér 3, U-Bahn M1, Straßenbahn 4/6, Bus 105 Oktogon, geöffnet: tägl. 10–1 Uhr. Wer den doch recht touristischen Lokalen am Liszt Ferenc tér entfliehen möchte, braucht nur einmal die Straßenseite zu wechseln: Am lauschigen Jókai tér ist das Kiadó die richtige Adresse für ein gepflegtes Bier und gutes Pub-Essen.

69 [D4] **Ötkert,** V. Zrínyi u. 4, Straßenbahn 2, Bus 16 und 105 Széchenyi István tér oder Bus 15/115 Zrínyi utca (nur in Richtung Boráros tér bedient), www.otkert.hu, geöffnet: Mo.–Di. 11–24 Uhr, Mi.–Do. 11–4 Uhr, Fr.–Sa. 11–5 Uhr. Mischung aus Innenhofbar und Edelklub. Wer an den Türstehern vorbeikommt, kann sich auf gute Cocktails, gepflegte elektronische Musik und Budapests Reiche und Schöne (und solche, die es werden wollen) freuen. Dennoch nicht exorbitant teuer.

70 [G6] **Rizmajer,** VIII. József krt. 14, U-Bahn M2, Straßenbahn 4/6, Bus 5, 7, 7E, 8E, 108E, 110, 112, 133E und 178 Blaha Lujza tér, www.rizmajersor.hu, geöffnet: Mo.–Mi. 12–1, Do.–Sa. 12–2, So. 12–24 Uhr. Gemütliche, gerne von studentischem Publikum frequentierte Bierbar der gleichnamigen Kleinbrauerei. Zahlreiche besondere Sorten vom Fass.

71 [be] **Supersonic,** III. Fényes Adolf u. 28, HÉV H5, Bus 9 und 109 Tímár utca, geöffnet anlässlich von Konzerten und Partys. Schon seit 1998 kriegen Besucher im Supersonic Underground Techno und harte Rockmusik auf die Ohren. Es empfiehlt sich, rechtzeitig zu kommen, da man auf dem ausgedehnten ehemaligen Fabrikgelände etwas suchen muss, um den richtigen Eingang zu finden.

72 [D9] **Szatyor,** XI. Bartók Béla út 36, Straßenbahn 18, 19/41 und 47/48/49 Gárdonyi tér, www.szatyorbar.com, geöffnet: Mo.–Fr. 12–1 Uhr, Sa.–So. 16–1 Uhr. Bar und Galerie in Buda. Musikalisch stehen jazzige und loungige Töne auf dem Programm.

73 [F5] **Úri Muri,** VII. Wesselényi u. 19, Bus 5, 7, 8E, 108E, 110, 112, 133E und 178 Uránia, geöffnet: Mo.–Do. 16–2, Fr./Sa. 16–4, So. 18–1 Uhr. Wohltuend geerdete Kneipe im stark touristischen Teil des historischen jüdischen Viertels. Abends Musik und Kleinkunst.

74 [F6] **Vas Manci,** VIII. Vas u. 3, Bus 5, 7, 8E, 108E, 110, 112, 133E und 178 Uránia, geöffnet: Mo.–Sa. 11–22 Uhr. Sehr gemütliche Tapas-Bar mit Mobiliar aus ehemaligen Theaterbühnenbildern. Leckeres tschechisches Bier vom Fass, gute Weinauswahl.

Abbruchklubs und alternative Kneipen

75 [G5] **Doboz,** VII. Klauzál u. 10, U-Bahn M2, Straßenbahn 4/6, Bus 5, 7, 7E, 8E, 108E, 110, 112, 133E und 178 Blaha Lujza tér oder Obus 74 Nyár utca (nur in Richtung Károly körút bedient), www.doboz.pm, geöffnet: Mo.–Mi. 17–2 Uhr, Do.–Sa. 17–5 Uhr. Klub im jüdischen Viertel, der anspruchsvolle Electro-Musik im Programm hat.

76 [G8] **Élesztő,** IX. Tűzoltó u. 22, U-Bahn M3, Straßenbahn 4/6 Corvin-negyed, tägl. 15–3 Uhr. Neben dem Theater Trafó verbirgt sich in einem verwinkelten Kellergewölbe das Epizentrum der ungarischen „Bierrevolution", wie Eigentümer Dániel Bart die Welle von neuen Hausbrauereien nennt, die derzeit über Ungarn schwappt. 17 Biere vom Fass für Kenner und Neugierige, die probieren möchten, was man unter konsequenter Missachtung des deutschen Reinheitsgebotes so alles aus dem Kessel zaubern kann.

77 [F4] **Fogas,** VII. Akácfa u. 51, Straßenbahn 4/6 Wesselényi utca oder Obus 74 Nyár utca (nur in Richtung Károly körút bedient), www.fogashaz.hu, geöffnet: tägl. 16 Uhr. Alternative Kneipe im historischen jüdischen Viertel. Auf mehreren Etagen kann man essen, trinken, sich Off-Theater-Vorstellungen und Konzerte anschauen oder im Techno-Klub „Lärm" tanzen.

78 [F5] **Grandio,** VII. Nagy Diófa u. 8, Bus 5, 7, 8E, 108E, 110, 112, 133E und 178 Uránia oder Obus 74 Nagy Diófa utca (nur in Richtung Csáktornya park bedient), www.grandio.insta-hostel.com. Schönes Gartenlokal in einem eingeschossigen Haus, das eigentlich schon längst hätte abgerissen werden sollen. Vor allem internationales Publikum, das zum Teil im hauseigenen Hostel im oberen Stockwerk übernachtet, aber mutmaßlich wenig Schlaf bekommt.

79 [G6] **Hintaló,** VIII. Bacsó Béla u. 15, U-Bahn M2, Straßenbahn 4/6, Bus 5, 7, 7E, 8E, 108E, 110, 112, 133E und 178 Blaha Lujza tér oder U-Bahn M4 Rákóczi tér, www.hintaloiszoda.hu, geöffnet: So.–Do. 16.30–1, Fr. 16.30–2, Sa. 17.30–2 Uhr. Trashige Kleinstkneipe mit Möbeln vom Sperrmüll und unberechenbaren Ideen: Das Gästebuch wird fortlaufend auf einer mechanischen Schreibmaschine getippt, manchmal gibt es neben der Toilette Äpfel zum Mitnehmen. Abends ab und zu Livemusik und DJs.

80 [G5] **Jelen,** VIII. Blaha Lujza tér 1–2 (Eingang Ecke Márkus Emília u./Stáhly u.), U-Bahn M2, Straßenbahn 4/6, Bus 5, 7, 7E, 8E, 108E, 110, 112, 133E und 178 Blaha Lujza tér, geöffnet: Mo.–Mi. 9–2 Uhr, Do.–Fr. 9–3 Uhr, Sa. 10–3 Uhr, So.10–2 Uhr. Alternativ angehauchte Kneipe mit angeschlossener Weinbar. Im kleinen Raum hinten finden ab und zu Impro-Jazzkonzerte statt, nicht selten unter Mitwirkung des ehemaligen Patrons und Posaunisten Hans van Vliet.

81 [F4] **Kisüzem,** VII. Kis Diófa u. 2 (Ecke Dob utca), Obus 74 Nyár utca (nur in Richtung Károly körút bedient), geöffnet: tägl. 12–3 Uhr. Schon vor dem Zweiten Weltkrieg wurde hier in dieser Eckkneipe Wein ausgeschenkt. Heute ist das Kisüzem mit seinen nackten Backsteinwänden und der imposanten Rumauswahl einer der Treffpunkte im jüdischen Viertel schlechthin. Abends manchmal Livemusik.

82 [E4] **Most,** VI. Zichy Jenő u. 17, U-Bahn M3, Obus 72 und 73 Arany János utca, www.mostbisztro.hu. Das Most ist das kleinere Schwesterlokal des Jelen in der Nähe der Staatsoper. Sehr gutes Essen.

83 [F5] **Szimpla kert,** VII. Kazinczy u. 14, Bus 5, 7, 8E, 108E, 110, 112, 133 E und 178 Uránia, www.szimpla.hu, geöffnet: tägl. 12–3 Uhr. Das Szimpla ist die Mutter aller Abbruchklubs und erfreut sich acht Jahre nach seiner Eröffnung am aktuellen Ort ungebrochener Beliebtheit. Der Klub nimmt eine wichtige Rolle im soziokulturellen Leben der Stadt ein: Neben dem lukrativen Barbetrieb finden in dem geräumigen Haus Workshops, Kinoabende, Konzerte und Infoveranstaltungen statt.

Weinbars

84 [E4] **DiVino,** V. Szent István tér 3, Bus 9 Szent István Bazilika oder U-Bahn M1 Bajcsy-Zsilinszky út, www.

Abbruchklubs und Gärten – Tanz am Rande der Vergänglichkeit

Unter internationalen Partygängern ist Budapest seit vielen Jahren für eine spezifische Form der Gastronomie bekannt. Die sogenannten Abbruchklubs („romkocsma") sind heute zentraler Bestandteil des Nachtlebens der Stadt und haben in anderen ungarischen Städten und darüber hinaus Nachfolger.

Am Anfang stand die ***Immobilienspekulation.*** *Um die Jahrtausendwende herum begannen Unternehmen, in großem Stil unrenovierte Altbauten im Stadtzentrum aufzukaufen. Zur Überbrückung der laufenden Kosten zwischen der Aussiedlung der Altmieter und dem Beginn der Umbau- oder Abrissarbeiten vermieteten die neuen Eigentümer die Gebäude für wenig Geld an* ***Gastronomen und Künstler.*** *Die neuen Nutzer verstanden sich auf Improvisation: Einige vom Sperrmüll geholte oder gar von den Mietern zurückgelassene Möbel, eine Bar aus Wellblechresten im Innenhof, einige selbstgestaltete Deko-Elemente, und fertig war der Abbruchklub.*

Schnell verbreitete sich ein Kult um diese neue Form des Klubs. Die betonte, aber nie überkandidelte Lässigkeit, die unaufgeregte Selbstironie und nicht zuletzt die der Form eigene Vergänglichkeit trafen perfekt das Lebensgefühl der Stadt. Immer mehr Klubs wurden richtig erfolgreich, und schon bald wurden Abbruchklubs nicht als Not- oder Zwischenlösung gegründet, sondern als auf Dauer angelegte Unternehmung. Die Wirtschafts- und ***Immobilienkrise*** *ab 2008 tat ein Übriges: Auf einmal waren Hotels und Luxuswohnungen kein besonders gutes Investment mehr, die Abbruchklubs hingegen boomten. Das aktuell grassierende Immobilienfieber wiederum hat schon mehreren Klubs den Garaus gemacht, viele der seinerzeit geplanten Bauprojekte werden nun ver-*

divinoborbar.hu, geöffnet: Mo.-Mi. 16-24 Uhr, Do.-Sa. 16-2 Uhr, So. 16-24 Uhr. Sehr schöne, edel eingerichtete Wein- und Tapas-Bar direkt an der Basilika.

85 [F5] **Doblo,** VII. Dob u. 20, U-Bahn M2, Straßenbahn 47/48/49, Bus 5, 7, 8E, 9, 108E, 110, 112, 133E und 178 Astoria, geöffnet: tägl. 8-2.30 Uhr. Im historischen jüdischen Viertel verlocken Flohmarktmöbel inmitten alter, nackter Ziegelgemäuer zu einer Pause und einem Glas Wein. Die unwahrscheinlich stylishe Weinbar bietet darüber hinaus warme Küche und ein Spätaufsteherfrühstück bis 14.30 Uhr.

86 [G5] **Veritas,** VII. Dohány u. 58-62, U-Bahn M2, Straßenbahn 4/6, Bus 5, 7, 7E, 8E, 108E, 110, 112, 133E und 178, Obus 74 Blaha Lujza tér, www.veritaswinebar.hu, geöffnet: Mo.-Mi. 11-24, Do.-Sa. 11-2, So. 11-24 Uhr. Schicke Weinbar direkt neben der alteingesessenen Weinhandlung In Vino Veritas (s. S. 77). Wer etwas über ungarischen Wein erfahren möchte, ist hier richtig: Über 60 Sorten gibt es im Glas ausgeschenkt, wer gleich eine Flasche bestellt, kann sogar aus 400 Weinen auswählen. Dazu sehr gute Küche mit ungarischer Nouvelle Cuisine.

wirklicht. Ein Pionier jedoch hat alle Turbulenzen der Szene überstanden: Das ***Szimpla kert*** *(s. S. 70) in der Kazinczy utca ist eine echte Institution geworden und hat nicht unerheblichen Anteil daran, dass die Straße heute zur Partymeile der Stadt geworden ist. Ganz „nebenbei" betreibt das Szimpla zwei Filialen in Berlin, zur großen Freude der vielen dort lebenden Ungarn.*

Parallel zur „Sesshaftwerdung" der Abbruchklubs hat sich in den vergangenen paar Jahren eine neue Form etabliert. Der ***„kert"*** *(„Garten") ist noch vergänglicher und oft nur auf eine Sommersaison angelegt. Auf unbebauten Grundstücken, in kleinen Parks oder in den Innenhöfen leerstehender Altbauten werden schnell ein paar Stühle und Tische aufgestellt und schon kann es losgehen. Niemand weiß, wie lange der Ort noch existieren wird und ob es überhaupt ein Morgen gibt, aber genau deswegen dehnt sich der einzelne Moment bis ins Unendliche.*

Theater und Konzerte

Einst Wirkungsstätte der Komponisten Franz Liszt, Gustav Mahler, Béla Bartók, Ernst von Dohnányi und Zoltán Kodály, ist Budapest bis heute von einer **regen Musikszene** geprägt. Mehrere hervorragende, international erfolgreiche Symphonieorchester und Solisten sind hier zu Hause.

Im Theaterbereich sind für ausländische Besucher **Musik- und Tanztheater** zu empfehlen, da dort die Sprachbarriere nicht so stark ins Gewicht fällt (obwohl einige Opern- und Operettenproduktionen in ungarischer Sprache aufgeführt werden). Allen voran ist die **Ungarische Staatsoper** 20 an der Andrássy út zu nennen, die schon als Gebäude ein Highlight ist. In anderen Theatern Budapests kommen wiederum die Freunde der leichten Muse sowie des zeitgenössischen Tanzes auf ihre Kosten.

› **Budapester Festivalorchester (Budapesti Fesztiválzenekar),** Tel. 4894332, www.bfz.hu. Seit Jahren gehört das Festivalorchester, das an wechselnden Spielorten in der Stadt auftritt, zu den besten Klangkörpern der Welt. Wenn das Orchester nicht gerade irgendwo in der Weltgeschichte auf Tournee ist, soll-

EXTRATIPP

Konzerte in sakralen Räumen
In der **St.-Stephans-Basilika** 25 und in der **St.-Michaels-Kirche** 10 werden wöchentlich Konzerte angeboten (www.concertsinbudapest.com). Karten sind im Internet und an der Abendkasse erhältlich, Flyer mit dem aktuellen Programm bekommt man an den touristischen Hotspots in die Hand gedrückt. Eine kostenlose Konzertreihe mit einem Schwerpunkt auf Musik von Johann Sebastian Bach findet in der **evangelischen Kirche am Deák Ferenc tér** [E5] statt (http://lutherania.lutheran.hu).

ten Klassikfans auf jeden Fall Ausschau nach einem Budapester „Heimspiel" halten.

87 [D1] **Budapest Jazz Club,** XIII. Hollán Ernő u. 7, Straßenbahn 4/6, Bus 9, 26, 91, 191, 226 und 291, Obus 75 und 76 Jászai Mari tér, www.bjc.hu, geöffnet: bei Konzerten. Im ehemaligen Kino Odeon-Lloyd im XIII. Bezirk geben sich Jazzgrößen aus dem In- und Ausland die Klinke in die Hand. Wer sich für zeitgenössischen ungarischen Jazz interessiert, ist hier richtig.

88 [F8] **Budapest Music Center,** IX. Mátyás u. 8, Bus 15/115, Obus 83 Közraktár utca (auf Linie 15/115 nur in Richtung Boráros tér bedient) oder Bus 15/115 Czuczor utca (nur in Richtung Gyöngyösi utca/Árpád híd bedient), Tel. 2167894, www.bmc.hu. Innerhalb kurzer Zeit hat sich das in einem geschmackvoll modernisierten Altbau ansässige BMC zu dem wichtigsten Veranstaltungsort für hochwertige Jazzmusik gemausert.

89 [F4] **Budapester Operettentheater (Budapesti Operettszínház),** VI. Nagymező u. 17, U-Bahn M1, Straßenbahn 4/6, Bus 105 Oktogon, Tel. 3124866, www.operettszinhaz.hu. Von der „Fledermaus" bis „Miss Saigon" – das Operettentheater ist der Tempel der leichten Muse. Dass die Lieder auf Ungarisch gesungen werden? Kein Problem, denn die Melodien stimmen!

90 [D4] **Donaupalast (Duna Palota),** V. Zrínyi u. 5, Straßenbahn 2, Bus 16 und 105 Széchenyi István tér oder Bus 15/115 Zrínyi utca (nur in Richtung Boráros tér bedient), Tel. 3171377, www.ticket.info.hu. Der prächtige Palast zwischen Basilika und Donau ist der richtige Ort für Freunde der guten Unterhaltung, von leichten Klassikkonzerten bis zu Folkloredarbietungen.

91 [B4] **Haus der Traditionen (Hagyományok Háza),** I. Corvin tér 8, Straßenbahn 19/41 Halász utca, Tel. 2256000, www.hagyomanyokhaza.hu. Das in der ehemaligen Budaer Redoute ansässige Haus der Traditionen bietet anspruchsvolle authentische Folklorekonzerte und Tanzvorstellungen jenseits des sattsam bekannten Puszta-Paprika-Piroschka-Kitsches.

31 [D2] **Lustspielhaus.** Eines der führenden Sprechtheater der Stadt, Vorstellungen allerdings nur auf Ungarisch.

92 [F4] **Musikakademie (Zeneakadémia),** VI. Liszt Ferenc tér 8, Straßenbahn 4/6, Obus 70 und 78 Király utca/Erzsébet körút, Tel. 3210690, www.zeneakademia.hu. Nach einer umfassenden Sanierung wurde der prachtvolle Jugendstilbau vor wenigen Jahren wiedereröffnet. Schon vor der Renovierung einer der

Der Palast der Künste gilt als bester Konzertsaal der Stadt

EXTRATIPP

Musical unter freiem Himmel

Auf den Freilichtbühnen auf der **Margaretheninsel** [C1] und im **Városmajor-Park** beim Széll Kálmán tér [A3] werden in den Sommermonaten **Musicals** und **Tanzvorstellungen** gegeben. Infos: www.szabadter.hu.

renommiertesten Konzertsäle der Stadt, begeistert die Musikakademie nun zusätzlich mit zeitgemäßer Akustik und Ausstattung. Hier kann man die Spitze der ungarischen und internationalen Klassikszene live erleben. Das Gebäude beherbergt außer dem Konzertsaal auch die von ihrem Namensgeber begründete Franz-Liszt-Musikakademie.

› **Nationales Tanztheater (Nemzeti Táncszínház),** Tel. 2014407, www.nemzetitancszinhaz.hu. Das Tanztheater bietet an wechselnden Spielorten ein buntes Programm von modernem Ballett über zeitgenössischen Tanz bis hin zu anspruchsvollen Folkloreabenden. Größere Produktionen finden teilweise im Palast der Künste statt.

93 [ci] **Palast der Künste (Művészetek Palotája),** IX. Komor Marcell utca 1, HÉV H7, Straßenbahn 2 und 24 Müpa-Nemzeti Színház, Tel. 5553001, www.mupa.hu. Sowohl von der Architektur als auch vom Programm her ist der Palast der Künste die führende Budapester Institution in den Bereichen Klassische Musik und Tanz.

94 [G8] **Trafó,** IX. Liliom u. 41, U-Bahn M3, Straßenbahn 4/6 Corvin-negyed, Tel. 4562040, www.trafo.hu. Ursprünglich zu Beginn der 1990er-Jahre von einer Gruppe französischer Anarchisten gegründet, hat sich das Trafó seit dem Erwerb durch die Stadt Budapest im Jahr 1998 zum bedeutendsten Veranstaltungsort für zeitgenössischen Tanz und Theater entwickelt. Einer der wenigen Orte in der Stadt, wo man neben den wichtigsten ungarischen Künstlern auch die Stars der internationalen Off-Szene sehen kann.

20 [E4] **Ungarische Staatsoper.** Große Oper mit den bedeutendsten ungarischen und internationalen Solisten. Im Ticket inbegriffen: grandiose Architektur des späten 19. Jahrhunderts.

015bp Abb.: mt

Budapest für Shoppingfans

Während auf den Hauptstraßen und in den Einkaufszentren die gleiche Auswahl wie in den deutschsprachigen Ländern zu oftmals höheren Preisen angeboten wird, stößt man in versteckten Seitengassen nicht selten auf erstaunliche, abstruse und einzigartige Dinge.

Die klassische Einkaufsstraße ist die **Váci utca** zwischen der Großen Markthalle 18 und dem Vörösmarty tér [D5] in der Pester Innenstadt. Wer hier allerdings auf etwas „typisch Ungarisches" hofft, wird enttäuscht sein, denn zwischen Ferenciek tere und Vörösmarty tér unterscheidet sich die Straße inzwischen kaum noch von irgendeiner beliebigen europäischen Fußgängerzone. Der südliche, zwischen Großer Markthalle und Ferenciek tere gelegene Teil der Flaniermeile wiederum ist fest in der Hand der Souvenirshops und Touri-Restaurants.

Interessanter ist es da allemal, sich ins Gewusel der Seitenstraßen im **VI., VII. und XIII. Bezirk** zu werfen. Hier lassen sich reihenweise spannende Kleidergeschäfte, nette kleine Cafés und obskure Fachgeschäfte entdecken. Wer auf der Suche nach alten Büchern ist, wird möglicherweise in einem der **Antiquariate** auf dem Múzeum körút [F6] zwischen Kálvin tér und Astoria, gegenüber vom Nationalmuseum 16, fündig.

Klassische **Mitbringsel** aus Ungarn sind Lebens- und Genussmittel sowie Handarbeiten, wobei bei Letzteren darauf geachtet werden sollte, dass sie tatsächlich authentisch sind. Im Zweifel hilft ein Blick auf das Etikett. Falls man Weine oder Obstbrände verschenken möchte, lässt man sich am besten in einem Fachgeschäft (s. S. 76) beraten. Die Preise sind in Budapest immer in Forint angegeben, Feilschen ist nicht üblich.

Antiquitäten und Kunstgalerien

In der Budapester Innenstadt locken zahlreiche Galerien die Kunst- und Antikliebhaber. Erste Anlaufstelle ist die unscheinbare **Falk Miksa utca** [D2] nahe der Margarethenbrücke. Praktisch jedes Ladenlokal in der Straße beherbergt eine Galerie oder einen Antiquitätenhändler von gediegen bis abgefahren. Wer hier nichts findet, kann sich auch in einem der folgenden Geschäfte umsehen:

95 [D8] **Godot,** XI. Bartók Béla út 11, U-Bahn M4, Straßenbahn 19/41, 47/48/49 und 56, Bus 7 und 133E Szent Gellért tér-Műegyetem, www.godot.hu, geöffnet: Di.–Fr. 9–14, Sa. 10–13 Uhr. Eine der führenden Galerien für zeitgenössische Kunst aus Ungarn und dem restlichen Mitteleuropa.

96 [D2] **Kieselbach,** V. Szent István krt. 5, Straßenbahn 2 und 4/6, Bus 9, 26, 91, 191, 226 und 291, Obus 75 und 76 Jászai Mari tér, www.kieselbach.hu, geöffnet: Mo.–Fr. 10–18 Uhr, Sa. 10–13 Uhr. Tamás Kieselbach ist seit bereits zwei Jahrzehnten einer der führenden Kunsthändler und Sachverständigen Ungarns. In seinen weitläufigen Räumlichkeiten auf dem Großen Ring Ecke Falk Miksa utca zeigt er eine Fülle von Werken aller Epochen.

Shoppingareale

Die wichtigsten Shoppingbereiche der Stadt sind im Kartenmaterial mit einer rötlichen Fläche markiert.

007bp Abb.: gk

97 [E6] **Párisi Galéria,** Múzeum krt. 3, U-Bahn M3, Bus 5, 7, 8E, 9, 108E, 110, 112, 133E und 178 Astoria, www.parisigaleria.hu, geöffnet: Mo.–Fr. 10–18 Uhr, Sa. 10–14 Uhr. Traditionsreiche Galerie und Auktionshaus, vornehmlich mit ungarischer Malerei aus dem 19./20. Jahrhundert, historischem Porzellan und Silberware.

98 [A3] **Várfok,** I. Várfok u. 11, Bus 16 Mátray utca, www.varfok-galeria.hu, geöffnet: Di.–Sa. 11–18 Uhr. Traditionsreiche Galerie für zeitgenössische Kunst aus Ungarn. Auf dem Weg zum Burgviertel gelegen.

99 [D9] **Zsófi Faur,** XI. Bartók Béla út 25, Straßenbahn 19/41, 47/48/49 und 56 Gárdonyi tér, www.galeriafaur.hu, geöffnet: Mo.–Fr. 12–18 Uhr. Zeitgenössische Foto- und Gemäldegalerie .

Die Budapester Märkte bieten eine bunte Vielfalt an Lebensmitteln

Lebensmittel und Märkte

Märkte

Frische Lebensmittel, insbesondere Obst, Gemüse und Fleischwaren, sind in Ungarn **von hoher Qualität** und dabei – zumindest in der Saison – um ein Vielfaches **günstiger** als in den deutschsprachigen Ländern. Besonders lohnenswert ist ein Besuch in einer der **Markthallen.** Es ist ein tolles Erlebnis, sich an der Vielfalt der Farben und Düfte zu berauschen und die unzähligen Sorten Äpfel, Pfirsiche oder Paprika unter die Lupe zu nehmen. Eventuell findet man auch das eine oder andere **Mitbringsel.** Beliebt sind edelsüßes *(édes)* und scharfes *(erős)* Paprikagewürz *(fűszerpaprika)* und natürlich die berühmte ungarische Salami *(szalámi)* beziehungsweise die etwas dünnere, ansonsten aber recht ähnliche Hartwurst *kolbász.*

Die Budapester Markthallen sind übrigens keine reine Touristenattraktion oder Edeleinkaufsstätten für Gutbetuchte, im Gegenteil: Viele Budapester bestehen nach wie vor darauf,

Frischprodukte hier und nicht etwa in einem Supermarkt zu kaufen. Die sehenswertesten und/oder am besten sortierten Markthallen im Innenstadtbereich sind:

- ⑱ [E7] **Große Markthalle.** Größte Markthalle der Stadt und architektonische Sehenswürdigkeit.
- 100 [D10] **Markthalle Fehérvári út (Fehérvári úti vásárcsarnok),** XI. Kőrösy József u. 7–9, U-Bahn M4, Straßenbahn 4, 17, 41, 47/48, 56 Újbuda-központ, geöffnet: Mo. 6.30–17 Uhr, Di.–Fr. 6.30–18 Uhr, Sa. 6.30–14 Uhr. Helle, übersichtliche Markthalle in Buda. Das Obergeschoss ist für Direktvermarkter reserviert, die wohltuend „unperfektes" Obst und Gemüse anbieten. Oft findet man bei ihnen auch alte Sorten, die auf dem globalisierten Agrarmarkt nicht mehr erhältlich sind.
- 101 [af] **Markthalle Fény utca (Fény utcai piac),** II. Lövőház u. 12, Straßenbahn 4/6 und 17, Bus 39 Széna tér oder U-Bahn M2, Straßenbahn 56 und 61, Bus 16 Széll Kálmán tér, geöffnet: Mo.–Fr. 6–18 Uhr, Sa. 6–14 Uhr. Lebhafter, moderner Markt hinter dem Einkaufszentrum Mammut am Széll Kálmán tér. Im Gegensatz zu den meisten anderen Märkten gibt es hier auch einen sehr gut sortierten Käsestand.
- 102 [cf] **Markthalle Lehel tér (Lehel téri piac),** XIII. Váci út 9–15, U-Bahn M3, Bus 15/115, Obus 76 Lehel tér, geöffnet: Mo.–Fr. 6–18 Uhr, Sa. 6–14 Uhr, So. 6–13 Uhr (sonntags eingeschränktes Angebot). Die verrückte Hallenkonstruktion des bekannten Architekten László Rajk sorgt seit ihrer Eröffnung 2002 für heftige Kontroversen. Das Gebäude wimmelt nur so vor architektonischen Zitaten und witzigen Details, Rajk selbst nennt den Stil „radikalen Eklektizismus". Innen gibt es ein großes Angebot an Lebensmitteln aller Art sowie ein Postamt im Obergeschoss.

Supermärkte

Das Angebot an **Supermärkten** wird von den bekannten westeuropäischen Discounterketten dominiert. Die einzige größere Kette in ungarischem Besitz ist die mit staatlichem Rückenwind expandierende CBA. Die Preise liegen bei den meisten Produkten auf westeuropäischem Niveau. Supermärkte (auf ungarisch *ABC* oder *közért,* ursprünglich die Namen zweier ehemaliger Ladenketten) haben in der Regel bis 22 Uhr geöffnet, sonntags zumeist bis 18 oder 20 Uhr.

Ein wichtiger Supermarkt für Besucher aus dem Ausland ist die CBA-Filiale im Burgviertel. Hier erhält man mitten im touristischen Zentrum der Stadt Lebensmittel und Delikatessen zu ganz gewöhnlichen Preisen. Im ersten Stock gibt es eine gut sortierte Weinabteilung und ein kleines Café.

- 103 [B4] **CBA Budavár,** I. Tárnok u. 22, Bus 16 Szentháromság tér, geöffnet: Mo.–Fr. 7–20 Uhr, Sa. 8–20 Uhr, So. 9–18 Uhr

Leckereien und Spezialitäten

Feinschmecker und Naschkatzen kommen in Budapest voll auf ihre Kosten. Wer etwas zum Mitbringen oder selbst Genießen sucht, wird hier bestimmt fündig:

- 104 [A3] **Bortársaság,** I. Batthyány u. 59, U-Bahn M2, Straßenbahn 4/6, 17, 56 und 61, Bus 16 und 39 Széll Kálmán tér, www.bortarsasag.hu, geöffnet: Mo.–Fr. 10–19 Uhr, Sa. 10–18 Uhr. Stammhaus des größten Budapester Weinhändlers. Umfassendes Sortiment ungarischer Weine vom guten Alltagswein bis zum Spitzengewächs. Bortársaság betreibt außer diesem Geschäft noch drei weitere in der Innenstadt: I. Lánchíd u. 5 (bei der Kettenbrücke), V. Vécsey u. 5 (beim Parlament), IX. Ráday u. 7.

105 [E6] **Cadeau,** V. Veress Pálné u. 8, U-Bahn M3, Bus 5, 7, 8E, 15, 108E, 110, 112, 115, 133E und 178 Ferenciek tere (auf der Linie 15/115 nur in Richtung Gyöngyösi utca/Árpád híd bedient), www.cadeaubonbon.hu, geöffnet: Mo.-Fr. 10-18.30 Uhr. Handgemachte Pralinen und andere Schleckereien.

106 [G5] **In Vino Veritas,** VII. Dohány u. 58-62, U-Bahn M2, Straßenbahn 4/6, Bus 5, 7, 7E, 8E, 108E, 110, 112, 133E und 178 Obus 74 Blaha Lujza tér, www.borkereskedes.hu, geöffnet: Mo.-Fr. 9-20 Uhr, Sa. 10-18 Uhr. Hervorragend sortierte Weinhandlung mit über 500 Tropfen aller Preiskategorien.

107 [F6] **Magyar Pálinka Háza (Haus des ungarischen Pálinka),** VIII. Rákóczi út 17, Bus 5, 7, 8E, 108E, 110, 112, 133E und 178 Uránia, geöffnet: Mo.-Sa. 9-19 Uhr. Riesige Auswahl ungarischer Qualitätsobstbrände. Es werden auch unterschiedliche Geschenkverpackungen, Miniaturflaschen, Gläser und Ähnliches angeboten - ideal als Mitbringsel.

108 [E7] **Rózsavölgyi,** V. Királyi Pál u. 6, U-Bahn M3 und M4, Straßenbahn 47/48/49, Bus 9, 15 und 115 Kálvin tér, geöffnet: Mo.-Fr. 10.30-13 Uhr und 13.30-18.30 Uhr, Sa. 12-18 Uhr. Gilt als einer der besten Chocolatiers der Stadt. Im Angebot sind Pralinen, handgeschöpfte Tafelschokoladen und als besonderes Schmankerl „rostiges Zeugs“: Schlüssel und Zangen aus Schokolade, die tatsächlich aussehen, als hätte der Zahn der Zeit an ihnen genagt.

109 [E7] **Taste the World,** IX. Vámház krt. 5, U-Bahn M4, Straßenbahn 2 und 47/48/49, Bus 15/115 Fővám tér (auf der Linie 15/115 nur in Richtung Boráros tér bedient), geöffnet: Mo. 10-17 Uhr, Di.-Fr. 8-18.30 Uhr, Sa. 7-15 Uhr. Toller Asia- und Gewürzladen direkt neben der Großen Markthalle. Im über zehn Meter langen, alphabetisch sortierten Gewürzregal findet man nicht nur eine überwältigende Auswahl fernöstlicher Spezereien, sondern auch längst in Vergessenheit geratene europäische Küchenkräuter.

110 [F5] **Zangio,** VII. Wesselényi u. 6, U-Bahn M2, Straßenbahn 47/48/49, Bus 5, 7, 8E, 9, 108E, 110, 112, 133E und 178 Astoria, www.zangio.hu, geöffnet: Mo.-Fr. 12-19 Uhr. Kreative, handgemachte Pralinen von einem Familienbetrieb direkt hinter der Großen Synagoge.

Kleidung und Schuhe

Internationale Luxuslabels von Gucci bis Louis Vuitton findet man in der Andrássy út [E4-G2] und in den Nebenstraßen um die Staatsoper 20, weitere Oberklassemarken finden sich in der Deák Ferenc utca [D/E5], deren Händler sich und die Straße seit einigen Jahren als „Fashion Street“ vermarkten. Wer auf der Suche nach individuellen Kreationen einheimischer Designer oder nach ausgefallenen Secondhandklamotten ist, kann sich in den folgenden Läden umsehen:

111 [E1] **Balllon,** XIII. Visegrádi u. 19, Bus 15/115 Radnóti Miklós utca oder U-Bahn M3, Straßenbahn 4/6, Bus 9, 26, 91, 191, 226 und 291, Obus 72 und 73 Nyugati pályaudvar, www.karattur.com, geöffnet: Di.-Fr. 12-19 Uhr. Abgefahrene, individuelle Lederhandtaschen.

112 [A2] **ColourMyStyle,** II. Keleti Károly u. 15, Straßenbahn 4/6 Mechwart liget, www.colourmystyle.hu, geöffnet: Mo.-Fr. 12-19, Sa. 10-14 Uhr. Kleiner Laden mit ausgesuchten Stücken

EXTRATIPP

Shop 'n' Stop

In allen großen **Einkaufszentren** gibt es ein reichhaltiges Gastronomieangebot (zum Beispiel im Westend neben dem Westbahnhof 32 oder im Mammut am Széll Kálmán tér [A3]).

ungarischer Modelabels. Dazu bietet das Geschäft auch Stil- und Farbberatung an.

113 [D6] **Ékes,** V. Régiposta u. 14, Bus 15/115 Szervita tér (nur in Richtung Gyöngyösi utca/Árpád híd bedient), geöffnet: Mo.–Fr. 10–18, Sa. 10–13 Uhr. Seit 1883 werden hier edle Lederhandschuhe gefertigt, auf Wunsch auch nach Maß. Zu den Kunden gehörte unter anderem Michael Jackson, auch die Budapester Theater lassen hier die für Kostüme benötigten Handschuhe nähen.

114 [E6] **Kaczián,** V. Régiposta u. 14, Bus 15/115 Szervita tér (nur in Richtung Gyöngyösi utca/Árpád híd bedient), www.kaczian.hu, geöffnet: Mo.–Fr. 10–18, Sa. 10–13 Uhr. Zwar nicht ganz so traditionsreich wie die Handschuhmanufaktur Ékes nebenan ist aber auch der Krawattenhersteller Kaczián immerhin schon seit 1957 in der Régiposta utca aktiv. Edle Krawatten und Fliegen aus besten italienischen Stoffen.

115 [F5] **Laoni,** VII. Klauzál tér 1, Straßenbahn 4/6 Wesselényi utca/Erzsébet körút oder Obus 74 Nyár utca (nur in Richtung Károly körút bedient), www.laoni.hu, geöffnet: Mo.–Fr. 10–19 Uhr. Schöne, handgemachte Ledertaschen. Designerin Ilona Ács ist bereits seit 1980 im Geschäft, seit über 20 Jahren mit ihrer eigenen Marke.

116 [F4] **Látomás,** VII. Király u. 39, U-Bahn M1, Bus 105 Opera oder Obus 70 und 78 Akácfa utca, www.latomas.hu, geöffnet: Mo.–Fr. 11–19.30 Uhr, Sa. 11–18 Uhr. Französisch-ungarische Mode mit exklusiven Kollektionen. Weitere Filialen im Viertel: Dohány u. 16, Akácfa u. 27 und Kertész u. 20 (Türklingel 25, Mode für Herren).

117 [E5] **Ludovika,** VII. Rumbach Sebestyén u. 15, U-Bahn M1, M2 und M3, Straßenbahn 47/48/49, Bus 9, 16 und 105 Deák Ferenc tér, www.ludovika-shop.tumblr.com, geöffnet: Mo.–Fr. 12–20, Sa. 12–18 Uhr. Kultiger Vintage-Laden mit schönen Second-Hand-Klamotten.

118 [E6] **Mono Art & Design,** V. Kossuth Lajos u. 12, U-Bahn M3, Bus 5, 7, 8E, 108E, 110, 112, 133E und 178 Ferenciek tere, www.monoartanddesign.tumblr.com, geöffnet: Mo.–Fr. 11–20, Sa. 10–20, So. 11–18 Uhr. Neuartiger *concept store,* in dem sowohl Kleidung als auch Einrichtungsgegenstände einheimischer Designer angeboten werden.

119 [D9] **Palmetta,** XI. Bartók Béla út 30, Straßenbahn 17, 19/41, 47/48/49 und 56 Gárdonyi tér, www.palmettadesign.hu, geöffnet: Mo.–Fr. 11–19 Uhr. Ausgefallene, stilvolle Damenmode und Textilkunst von Nati 100% Pure Idea und anderen ungarischen Labels.

120 [E5] **Retrock,** VI. Anker köz 2, U-Bahn M1, M2 und M3, Straßenbahn 47/48/49, Bus 9, 16 und 105 Deák Ferenc tér, www.retrock.com, geöffnet: Mo.–Sa. 11–21 Uhr, So. 11–20 Uhr. Dieses Modegeschäft bietet „höherklassige" Secondhandware und Eigenkreationen aus gebrauchten Textilien.

121 [E6] **Tátika,** V. Váci u. 40, Straßenbahn 2 und Bus 15/115 (wird nur in Richtung Boráros tér bedient) Március 15. tér oder U-Bahn M3, Bus 5, 7, 8E, 15, 108E, 110, 112, 115, 133E und 178 Ferenciek tere (Bus 15/115 wird nur in Richtung Gyöngyösi utca/Árpád híd bedient), www.tatikafashion.com, geöffnet: tägl. 10–19 Uhr. Individuelle Handtaschen der auch in Österreich erfolgreichen Textildesignerin Szilvia Máhr.

122 [F6] **Tisza,** VII. Károly krt. 1, U-Bahn M2, Straßenbahn 47/48/49, Bus 5, 7, 8E, 9, 108E, 110, 112, 133E und 178 Astoria, www.tiszacipo.hu, geöffnet: Mo.–Fr. 10–19 Uhr, Sa. 10–16 Uhr. Wiederbelebte ungarische Kultmarke aus den 1970er-Jahren. Coole Turnschuhe, Trainingsjacken und Accessoires.

123 [E7] **Tóth,** V. Vámház krt. 10 (in der Toreinfahrt links), U-Bahn M4, Straßenbahn 2 und 47/48/49, Bus 15/115 Fővám tér (Bus 15/115 wird nur in Richtung Boráros tér bedient), www.toth-lovaglocsizma.hu, geöffnet: Mo.–Fr. 9–18 Uhr, Sa. 10–15 Uhr. Handgemachte, klassische „Budapester" und Reitstiefel.

124 [E7] **V50,** V. Váci u. 50, U-Bahn M3, Bus 5, 7, 8E, 15, 108E, 110, 112, 115, 133E und 178 Ferenciek tere (Bus 15/115 wird nur in Richtung Gyöngyösi utca/Árpád híd bedient) oder Straßenbahn 2, Bus 15/115 Március 15. tér (Bus 15/115 nur in Richtung Boráros tér bedient), www.valeriafazekas.com, geöffnet: Mo.–Fr. 10–18 Uhr, Sa. 10–16 Uhr. Ein zeitgemäßer Hutsalon mit einer tollen Kollektion. Der Ort für Fans von Kopfbedeckungen.

125 [E6] **Vass,** V. Haris köz 2, U-Bahn M3, Bus 5, 7, 8E, 15, 108E, 110, 112, 115, 133E und 178 Ferenciek tere (auf der Linie 15/115 nur in Richtung Gyöngyösi utca/Árpád híd bedient), www.vass-cipo.hu. Der Schuhmachermeister László Vass näht die echten „Budapester" Schuhe noch von Hand. Richtig gut, allerdings auch richtig teuer.

Schmuck, Souvenirs und Krimskrams

126 [D6] **Bomo Art,** V. Régiposta u. 14, Bus 15/115 Szervita tér (nur in Richtung Gyöngyösi utca/Árpád híd bedient), www.bomoart.hu, geöffnet: Mo.–Fr. 10–18.30, Sa. 10–18 Uhr. Tolle, individuelle Papierwaren im Stil der Produkte italienischer Papeterien, aber oft mit original Budapester Ansichten und Motiven verziert.

127 [F7] **Buborék,** V. Kecskeméti u. 5, U-Bahn M3 und M4, Straßenbahn 47/48/49, Bus 9 und 15/115 Kálvin tér, www.buborekbolt.hu, geöffnet: Mo.–Fr. 12–19 Uhr, Sa. 11–15 Uhr. Fröhlicher Laden für Geschenke und Accessoires.

128 [F6] **Fekete Design Spot,** V. Múzeum krt 5, U-Bahn M2, Straßenbahn 47/48/49, Bus 5, 7, 8E, 9, 108E, 110, 112, 133E und 178 Astoria, www.feketedesign.hu, geöffnet: Mo.–Fr. 10–18 Uhr, Sa. 10–15 Uhr. Schmuck, Taschen und Krimskrams von jungen ungarischen Designern.

129 [D5] **Herend Porzellanpalast,** V. József nádor tér 10-11, Bus 16 und 105 József nádor tér (in Richtung Deák Ferenc tér/Gyöngyösi utca) bzw. Hild tér (in Richtung Buda), www.herend.com, geöffnet: Mo.–Fr. 10–18, Sa./So. 10–16 Uhr (im Winterhalbjahr samstags nur bis 14 Uhr, sonntags geschlossen). Dreistöckiger Flagship-Store der traditionsreichen ungarischen Porzellanmanufaktur.

130 [E5] **Le Parfum,** V. Erzsébet tér 9–10 (im Hotel Ritz-Carlton), U-Bahn M1, M2 und M3, Straßenbahn 47/48/49, Bus 9, 16 und 105 Deák Ferenc tér, www.leparfum.hu, geöffnet: Mo.–Sa. 10–19, So. 12–17 Uhr. Ungarns einziger Parfümeur Zsolt Zólyomi verkauft in seinem eigenen Flagship Store eigene Kreationen und Produkte anderer, wenig bekannter Parfümerien. Daneben gibt

es erlesene Seifen, Raumdüfte und andere Geschenkideen. Highlight ist definitiv eine individuelle Parfümberatung durch den Meister selbst (nur nach Voranmeldung).

131 [E4] **Memories of Hungary (1),** V. Hercegprímás u. 8, Bus 9 Szent István Bazilika oder U-Bahn M1 Bajcsy-Zsilinszky út, www.memoriesofhungary.hu, geöffnet: tägl. 9–22 Uhr. Toller, weitgehend kitschfreier Souvenirladen für anspruchsvolle Kunden. Für den Fall, dass man etwas vergessen hat, gibt es auch noch eine Filiale am Flughafen.

132 [E7] **Memories of Hungary (2),** V. Só u. 2 (Ecke Váci utca), U-Bahn M4, Straßenbahn 2 und 47/48/49, Bus 15/115 Fővám tér (Bus 15/115 wird nur in Richtung Boráros tér bedient).

133 [B4] **MesterPorta,** I. Corvin tér 7, Straßenbahn 19/41 Halász utca, geöffnet: Mo.–Fr. 10–18 Uhr. Hier gibt es authentische Volkskunst abseits der üblichen Souvenirstände sowie traditionelle ungarische Musik.

134 [E8] **Repertory,** XI. Budafoki út 5, U-Bahn M4, Straßenbahn 19/41, 47/48/49 und 56, Bus 7 und 133E Szent Gellért tér-Műegyetem, www.repertorystore.com, geöffnet: Mo.–Fr. 12–20, Sa. 11–18 Uhr. Concept Store der Modemarke Daige und des Schmucklabels Mama Kin, dazu Deko-Objekte und Keramik.

135 [E6] **Varga Design,** V. Haris köz 6, U-Bahn M3, Bus 5, 7, 8E, 15/115, 108E, 110, 112, 133E und 178 Ferenciek tere (auf der Linie 15/115 nur in Richtung Gyöngyösi utca/Árpád hid bedient), www.vargadesign.hu, geöffnet: Mo.–Fr. 10–18 Uhr, Sa. 10–16 Uhr. Einzigartiger Schmuck vom erfahrenen Designer Miklós Varga.

Ein herrlicher Ort zum Entspannen: die Türbe des Gül Baba

Budapest zum Träumen und Entspannen

Budapest ist oft laut, hektisch, staubig und heiß, dennoch gibt es einige Winkel, die sich perfekt für eine kleine Ruhepause oder einige beschauliche Stunden eignen.

Bei warmem Wetter sind die großen Parks gute Orte zum Entspannen. Werktags ist die **Margaretheninsel** [C1] eine wahre Oase der Ruhe, zumindest bis etwa 18 Uhr, wenn die Jogger die Insel in Beschlag nehmen. Im mittleren Teil der Insel locken weitläufige Liegewiesen und schattige, alte Bäume. Wer ein wenig steilen Aufstieg nicht scheut, wird auch auf der **Westseite des Gellért-Bergs** (s. S. 31) fündig. Während sich die Touristen auf der Donauseite und um die Zitadelle herum ballen, verlaufen sich auf die „Rückseite" des Berges lediglich ein paar Rentner und Hundebesitzer. Ansonsten laden hier Liegewiesen und wunderbare Blumenbeete zum Verweilen ein. Etwas schwieriger kann sich die Suche nach einem lauschigen Plätzchen im **Stadtwäldchen** gestalten. Die Devise ist: Je weiter weg vom Heldenplatz, desto ruhiger. Wenn man es dann noch schafft, ein Fleckchen ohne Hunde und Fußballspieler zu finden, steht dem Sonnenbad oder dem Nickerchen auf einer mitgebrachten Decke nichts mehr im Wege.

Kaum zu glauben, aber auch im touristischen Zentrum der Stadt, dem Burgviertel, lassen sich lauschige Plätzchen finden. Wer auf der Besichtigungstour dem Trubel entfliehen möchte, sollte sich auf die Allee **Tóth Árpád sétány** auf der „Rückseite" des Burghügels begeben. Hier sitzen die Einheimischen auf den Bänken unter

121bp Abb.: gk

den alten Kastanienbäumen, spielen mit ihren Kindern oder führen ihre Hunde Gassi. Man glaubt kaum, dass man soeben noch mit Hunderten anderer Touristen bei der Matthiaskirche 2 gestanden hat.

Ein weiterer Ort der Ruhe befindet sich ganz am Südende des Burghügels, hinter dem **Königlichen Palast** 7. Hier wurde nach dem Zweiten Weltkrieg ein zerstörter Teil des Palastes nicht wieder aufgebaut, da man **Überreste der mittelalterlichen Burg** gefunden hatte. Stattdessen wurden einige Mauern und zwei Wachtürme wiederhergestellt und das Gelände drumherum begrünt. In der Regel verirrt sich in diesen Teil des Burgviertels kaum ein Mensch. Der Zugang erfolgt durch den Eingangsbereich des Historischen Museums der Stadt Budapest (s.S. 22, keine Eintrittskarte erforderlich) oder auf den Spazierwegen von unten.

Nicht zuletzt kann man sogar auf der **Fischerbastei** 3 die Stadt ganz für sich genießen – man muss nur früh genug kommen. Ein Blick von der Bastei hinunter auf die in den frühen Morgenstunden langsam erwachende Stadt ist eine der schönsten Momentaufnahmen in Budapest. Ebenfalls in Buda befindet sich der nördlichste Wallfahrtsort des Islam. Auf Pilgerströme wie in Mekka muss man sich dennoch nicht gefasst machen: Die **Türbe des Gül Baba** ist ein Ort der Spiritualität und der Stille. Gül Baba war ein Derwisch und Dichter aus dem Osmanischen Reich, der 1541 kurz nach der Einnahme Budas durch die Heere des Sultans starb. Der Pascha von Buda ließ einige Jahre später das achteckige **Mausoleum** zum Gedenken an den populären Geistlichen errichten. Der kleine Park um das Gebäude lädt zum Verweilen ein: die Aussicht ist herrlich. Ein kleines Museum (Eintritt frei) und ein Teehaus runden die Anlage ab. Für den Rückweg bietet sich der Abstieg über die **Gül Baba utca** an, die mit ihren engen, bunten Häusern und ihrem buckligen Kopfsteinpflaster ein geradezu mediterranes Flair ausstrahlt.

★136 [B1] **Türbe des Gül Baba**, II. Mecset u. 14, Bus 191 Mansfeld Péter park (Abfahrt alle 20–30 Min. vom Bahnhof Nyugati) oder zu Fuß von der Margarethenbrücke aus über die Margit utca und die Mecset utca, www.gulbabaalapitvany.hu, geöffnet: Di.–So. 10–18 Uhr

Auf der **Pester Seite** sind die Rückzugsmöglichkeiten rarer gesät. Eine richtige kleine Oase in der wuseligen Innenstadt ist der **Károlyi-Garten.** Der ehemalige Park des Károlyi-Palais (an der Frontseite des Parks an der Károlyi utca) ist der älteste bestehende Garten der Stadt. Ein idealer Ort, um bei schönem Wetter eine Pause mit einer Zeitung oder einem guten Buch zu machen. Im Károlyi-Palais ist heute das Petőfi-Literaturmuseum untergebracht.

Das Medium der Entspannung schlechthin ist in Budapest das Wasser. Wer dem Großstadtlärm entfliehen will, kann beispielsweise eine **Schifffahrt auf der Donau** unternehmen (s. S. 115). Auf diese Weise gewinnt man für eine Stunde etwas Distanz und sieht ganz nebenbei noch die schönsten Sehenswürdigkeiten aus einer anderen Perspektive. Und wer sich ganz der beruhigenden Wirkung des nassen Elements hingeben möchte, ist in einem der berühmten **Thermalbäder** (s. u.) richtig.

- ●137 [E6] **Károlyi-Garten,** im V. Bezirk zwischen Magyar utca, Ferenczy István utca und Henszlmann Imre utca gelegen

Thermalbäder in Budapest

Budapest ist die einzige Großstadt der Welt, die offiziell **als Kurort anerkannt** ist. Die historischen Thermalbäder der Stadt sind weltberühmt, und wer die Gelegenheit hat, sollte sich einen Besuch nicht entgehen lassen. Jedes Bad hat seinen ganz eigenen Charakter und „sein" Publikum. Die Bäder bieten allesamt warmes Wasser mit verschiedenen Temperaturen, Ruheräume, Saunas sowie verschiedene Extras wie Massagen und Wannenbäder. Ganz wichtig: In Ungarn geht man **in Badekleidung in die Sauna!**

- ★138 [D8] **Gellért,** XI. Kelenhegyi út 4 (im Hotel Gellért, Eingang von der rechten Seite), U-Bahn M4, Straßenbahn 19/41, 47/48/49 und 56, Bus 7 und 133E Szent Gellért tér-Műegyetem, www.gellertbad.hu, tägl. 6–20 Uhr, Eintritt: Mo.–Fr. 5900 Ft (mit Schließfach) oder 6300 Ft (mit privater Kabine), Sa./So. 6100 Ft (mit Schließfach) oder 6500 (mit privater Kabine). Das Gellért ist ein herrliches Jugendstilbad mit sehr sehenswertem, original erhaltenem Interieur. Sämtliche Bereiche des Bades sind für alle Gäste zugänglich, die traditionelle Geschlechtertrennung wurde aufgehoben. Im Sommer ist das Gellért mit seinem Freibadbereich auch für Kinder interessant.
- ★139 [bf] **Lukács,** II. Frankel Leó út 25–29, Straßenbahn 17 und 19/41 Szent Lukács Gyógyfürdő, www.lukacsfurdo.hu, geöffnet: tägl. 6–22 Uhr (Saunalandschaft Mo. 14–21, Di.–So. 9–21 Uhr), Eintritt: Mo.–Fr. 3900 Ft (mit Schließfach) oder 4300 Ft (mit privater Kabine), Sa./So. 4100 (mit Schließfach) oder 4500 Ft (mit privater Kabine), etwas günstiger ist das 3-Stunden-Ticket (Badebeginn 6–8 Uhr oder ab 18 Uhr). Mit der Budapest Card erhält man freien Eintritt. Für die Saunalandschaft wird ein Zusatzbeitrag von 600 Ft (am Wochenende 800 Ft) erhoben, den man auch nach Betreten des Bades noch zahlen kann. Traditionsreiches Bad mit angeschlossener Kurklinik. Neben den Thermalbecken gibt es hier auch Schwimmbecken mit kaltem Wasser. Zusätzlich kann man diverse Wellness-Anwendungen und Massagen buchen. Das Lukács-Bad ist als einziges der historischen Budapester Bäder komplett barrierefrei. Im Bad (z. B. in der Cafeteria) kann man nur mit Karte zahlen.
- ★140 [D7] **Rudas,** I. Döbrentei tér 9 (auf der Budaer Seite der Elisabethbrücke), Straßenbahnlinien 19/41 und 56, Bus 7 Rudas Gyógyfürdő, www.rudasfurdo.hu, geöffnet: tägl. 6–22 Uhr (historisches

türkisches Bad nur bis 20 Uhr, Saunalandschaft erst ab 8 Uhr), Fr./Sa. zusätzlich 22–4 Uhr, Eintritt ins historische Bad: Mo.–Fr. 4400 Ft, Sa./So. 5000 Ft, Fr.–Sa. nachts 6500 Ft. Zuschlag für Schwimmbadnutzung (außer freitag- und samstagnachts): jeweils 700 Ft. Eintritt zum modernen Wellness-Bereich und Schwimmbad: Mo.–Fr. 3500 Ft, Sa./So. 4800 Ft. Behutsam renoviertes türkisches Bad aus dem 16. Jahrhundert. Man badet in dem original erhaltenen achteckigen Becken unter der Kuppel. Unter der Woche ist das Bad tageweise nach Geschlechtern getrennt: Montags, mittwochs, donnerstags und freitags ist Männer-, dienstags Frauentag. Am Wochenende badet man gemeinsam, unter jungen Leuten sind die Nachtöffnungszeiten an Freitagen und Samstagen besonders beliebt. 2014 wurde das Bad um einen Wellness-Bereich erweitert. Dieser punktet mit einem Panorama-Jacuzzi auf dem Dach des Gebäudes und einem schicken Restaurant, in dem mit Thermalwasser gekocht wird. Hier bekommt man werktags für 6500 Ft ein Zweigängemenü (inklusive Eintritt). Die angegebenen Eintrittspreise gelten entweder für das historische türkische Bad oder für den modernen Wellness-Bereich, man kann aber auch ein Kombi-Ticket für beide buchen. Wassertemperatur und -zusammensetzung sind allerdings in beiden Teilen des Bades gleich. Am besten informiert man sich vor dem Besuch des Rudas ausführlich über die Preise, da die Preisliste extrem kompliziert und unübersichtlich ist.

★**141** [cf] **Széchenyi,** XIV. Állatkerti krt. 9–11, U-Bahn M1 Széchenyi fürdő, www.szechenyifurdo.hu, geöffnet: 6–22 Uhr (die meisten Warmwasserbecken nur bis 19 Uhr), Eintritt: Mo.–Fr. 5500 Ft (mit Schließfach) oder 6000 Ft (mit privater Kabine), Sa./So. 5700 Ft (mit Schließfach) oder 6200 Ft (mit privater Kabine). Das größte Thermalbad der Stadt bietet zahlreiche Becken mit verschiedenen Wassertemperaturen, einen tollen Außenbereich mit Kaltwasserschwimmbecken und warmem Wasser (besonders schön im Winter!), eine Sauna, ein Dampfbad und und und ... Beeindruckende klassizistische Architektur inklusive. Oft überfüllt.

★**142** [bf] **Veli Bej,** II. Árpád fejedelem útja 7, Bus 9 und 109 Császár-Komjádi uszoda, geöffnet: tägl. 6–12 und 15–21 Uhr, Eintritt: 2800 Ft (für eine Badedauer von 3 Stunden). Über 400 Jahre alter Neuzugang unter den öffentlichen Budapester Bädern. Das türkische Bad war lange Zeit nur für die Patienten des drumherum gebauten Krankenhauses zugänglich. 2011 wurde es aufwendig renoviert. Neben dem herrlich warmen Wasser gibt es verschiedene Saunas und ein Café. In dem Korridor um die Kuppelhalle herum sind bei den Renovierungsarbeiten freigelegte Reste einer Wasserleitung aus dem 16. Jh. zu sehen.

021bp Abb.: gk

⊡ *Das Gellért ist eines der bekanntesten Thermalbäder der Welt*

Zur richtigen Zeit am richtigen Ort

Budapest hat zu jeder Jahreszeit etwas zu bieten: Ob Straßenfeste, kulinarische Festivals oder hohe Kunst, hier kommt jeder auf seine Kosten. Informationen und einen **Veranstaltungskalender** in englischer Sprache findet man unter **www.funzine.hu.** Ansonsten kann man einfach an der Hotelrezeption oder in den Info-Punkten des Budapester Tourismusamts (s. S. 104) fragen.

005bp Abb.: mt

Frühling

› März: Beim **Budapester Frühlingsfestival** (Budapesti Tavaszi Fesztivál) geben sich die Weltstars der klassischen Musik, des Tanzes und des Theaters die Klinke in die Hand. Wer eine Veranstaltung besuchen möchte, sollte sich rechtzeitig um Karten kümmern. Infos unter www.btf.hu.

› Jedes Jahr im März stellen die **Tokajer Winzer** ihre neuen Weine in Budapest vor. Die exquisiten Süßweine und die rassigen Trockenen sind eine Wonne für alle Weinfreunde. Ort und genaue Zeit werden immer erst kurz vorher bekanntgegeben, sodass sich ab und zu ein Blick ins Internet lohnt: www.tokajimarcius.hu.

Sommer

› August: Das Festival **Sziget** ist mit seinen bis zu 450.000 Besuchern aus aller Herren Länder eines der ganz großen Musikfestivals der Welt. Alljährlich rocken internationale Stars eine Woche lang die verschiedenen Bühnen auf der Óbudaer Insel. Auch die Weltmusikbühne ist von großer Bedeutung. Daneben gibt es zahlreiche kleinere Bühnen mit Musikrichtungen von Heavy Metal bis Dance, Tanz- und Theatervorstellungen, Diskussionsforen, Stände von Kirchen und NGOs. Und wer möchte, kann sogar vor Ort heiraten. Im Angebot sind Tages- und Wochentickets, unkaputtbare Festivalfans können auf dem ziemlich staubigen Gelände auch zelten. Weitere Infos unter www.sziget.hu.

Beim Sziget gibt sich ein internationales Publikum ein Stelldichein

› Am 20. August, einem der drei ungarischen **Nationalfeiertage,** locken in Budapest Attraktionen für die ganze Familie. Die Kleinen schauen fasziniert bei der Schiffsparade auf der Donau zu, auf dem Donaukorso gibt es einen Handwerker- und Schlemmermarkt und am Abend steigt ein großes Straßenfest. Das Parlamentsgebäude ist tagsüber frei zugänglich (die Schlange beim Einlass ist allerdings enorm, wenn man nicht spätestens um 9 Uhr morgens da ist). Das Programm ändert sich jedes Jahr ein wenig, klassischer Fixpunkt ist jedoch das große **Feuerwerk** nach Einbruch der Dunkelheit. Dann sammeln sich bis zu 2 Millionen Menschen an den Ufern der Donau, um die von Kähnen aus abgeschossene Lichtchoreografie zu bestaunen. Auch hier sollte man seinen Platz rechtzeitig einnehmen (am besten sieht man von den Treppenstufen am Pester Donauufer aus), zumal die Donaubrücken ein bis zwei Stunden vor dem Feuerwerk gesperrt werden. Eine schöne Alternative bietet eine Schifffahrt, die bei vielen Budapester Schiffsunternehmen auf dem Programm steht (s. S. 115).
› Motorsport-Fans zieht es im August nach Mogyoród in der Nähe von Budapest. Bereits seit 1986 gastiert der **Formel-1-Zirkus** auf dem Hungaroring. Infos unter www.hungaroring.hu.
› August: Beim **Fest des Handwerks** (Mesterségek Ünnepe) am Königlichen Palast 7 zeigen erfahrene Meister historische Handwerksberufe. Besonders toll für Kinder und solche, die es geblieben sind, ist, dass man auch selbst Hand anlegen darf. Die Eintrittskarte berechtigt auch zum Besuch der im Palast ansässigen Museen. Infos unter www.mestersegekunnepe.hu.
› August/September: Das traditionell letzte Kulturfestival der Sommersaison ist das **Jüdische Sommerfestival** (Zsidó Nyári Fesztivál). Künstler aller Sparten sorgen für ein buntes Programm zwischen Klezmer, Kleinkunst und Klassik. Infos unter www.jewishfestival.hu.
› August/September: Am letzten Augustwochenende öffnen die **Kellereien im südlich gelegenen Stadtteil Budafok** ihre Tore, wo traditionell Sekt hergestellt wird. Ein Shuttleservice sorgt für gute Verbindungen zwischen den Weinproben. Infos unter www.bornegyed.hu.

Feiertage in Ungarn

› **1. Januar:** Neujahrstag *(Újév)*
› **15. März:** Nationalfeiertag; Jahrestag der Revolution gegen das Habsburger-Regime 1848
› **Ostern** *(Húsvét):* Sowohl Karfreitag als auch Ostermontag sind Feiertage.
› **1. Mai:** Jahrestag des EU-Beitritts 2004 und „Tag der Arbeit"
› **Pfingstmontag** *(Pünkösd hétfő)*
› **20. August:** Nationalfeiertag; Tag des Staatsgründers St. Stephan
› **23. Oktober:** Nationalfeiertag; Jahrestag der Revolution 1956 und der Ausrufung der Republik 1989
› **1. November:** Allerheiligen *(Mindenszentek)*
› **25./26. Dezember:** 1. und 2. Weihnachtstag *(Karácsony)*

Herbst

› September: Internationale Größen des Jazz geben sich beim **Jazzforum** ein Stelldichein. Als Veranstaltungsorte dienen die wichtigsten Konzertschauplätze der Stadt: der Palast der Künste (s. S. 73),

110bp Abb.: gk

das Trafó (s. S. 73) und der Budapest Jazz Club (s. S. 72).

- September: Das traditionsreiche **Weinfestival** im Burgviertel (Budavári Borfesztivál) ist das größte seiner Art in Ungarn und bietet Weingenießern einen hervorragenden Überblick über die Winzerkunst des Landes. Eintritt und Verpflegung sind nicht gerade günstig, dafür besticht das Festival mit seinem Standort auf den Terrassen vor dem Königlichen Palast 7. Mehr Infos unter www.aborfesztival.hu.
- Oktober: Das Festival **Café Budapest** ist der alternative Gegenentwurf zum Frühlingsfestival: Spannende zeitgenössische Theater-, Musik- und Kunstproduktionen aus der ganzen Welt sind dann zu Gast in Budapest. Infos unter www.cafebudapestfest.hu.
- Oktober: Wer es sportlich mag, ist beim **Budapest Marathon** richtig. Die klassische Distanz vor dem einmaligen Ambiente der historischen Innenstadt. Infos unter www.budapestmarathon.com.
- Oktober: Der **Art Market Budapest** ist die jährliche Schau der zeitgenössischen Galerien der Stadt. Infos unter www.artmarketbudapest.hu.

Winter

- Der **Weihnachtsmarkt** (Karácsonyi vásár) auf dem Vörösmarty tér [D5] gilt als einer der besten der Welt. Statt Kitsch und Kommerz bieten von einem Expertengremium ausgewählte Kunsthandwerker ihre Waren feil. Hier findet jeder ein passendes Geschenk für seine Lieben! Und natürlich dürfen auch der Glühwein und traditionelles ungarisches Essen nicht fehlen. Der Weihnachtsmarkt startet Anfang Dezember. Ein zweiter Weihnachtsmarkt lockt bei der Basilika 25 (s. Bild).
- Am **Silvesterabend** ist in den Klubs und Kneipen der Teufel los. Wer sich schon im Vorfeld warmmachen will, kann am 30. Dezember eine der zahlreichen „Vor-Silvester"-Partys *(előszilveszter)* besuchen – denn wenn die Ungarn einmal feiern, dann tun sie das gründlich.
- Februar: Hier geht es um die Wurst: Beim **Mangalica-Festival** auf dem Szabadság tér erahnt man, welche Rolle Wurst und Salami in Ungarn spielen. Infos: www.mangalicafesztival.hu.

Festliche Stimmung bei der Basilika 25 in der Vorweihnachtszeit

BUDAPEST VERSTEHEN

022bp Abb.: gk

Budapest – ein Porträt

Das wohlproportioniert beidseits der Donau liegende Budapest bietet eines der schönsten Stadtbilder Mitteleuropas. Das im späten 19. Jahrhundert errichtete Stadtzentrum ist in weiten Teilen erhalten und lässt den Besucher in diese für Ungarn und Europa so bedeutende Epoche eintauchen.

Auf der einen Seite liegt das hügelige **Buda** mit seinen alten Barockhäuschen, den Villen alter und neuer Reicher und seinen stillen Winkeln, gegenüber das quirlige **Pest**, das so richtig Großstadtatmosphäre verströmt. Dazwischen wälzt sich das silbergrüne, rund 500 Meter breite Band der Donau majestätisch durchs Zentrum. Obwohl die Gegend schon seit der Steinzeit besiedelt ist, wurde Budapest erst im 19. Jahrhundert „geboren": 1872 wurden die zuvor unabhängigen Städte Pest, Buda und Óbuda zu Budapest vereinigt.

023bp Abb.: gk

Die Stadt in Zahlen

- **Erste urkundliche Erwähnung:** Buda: 1243, Pest: 1148, Óbuda: 89 n. Chr., Gründung Budapests: 1872
- **Einwohner:** 1,7 Millionen
- **Fläche:** 525 km²
- **Bevölkerungsdichte:** 3238 Einwohner/km²
- **Höhe ü. M.:** 102–527 m
- **Stadtbezirke:** 23

Formal ist die Stadt, die ihre heutige Größe durch die Eingemeindung mehrerer umliegender Siedlungen im Jahr 1950 erhielt, in **23 Stadtbezirke** aufgeteilt. Sechs davon befinden sich auf der Budaer Seite, der Rest in Pest. Auch die **Einwohner** verteilen sich ähnlich: Rund ein Drittel der Budapester wohnt in Buda, zwei Drittel haben sich gegenüber angesiedelt. Pest war jedoch nicht immer derart im Übergewicht. Lange Jahrhunderte wurden die Geschicke Ungarns von Buda aus gelenkt. Die Hauptstadt auf dem Hügel war das politische und kulturelle Zentrum einer europäischen Mittelmacht. Die Stunde Pests schlug Mitte des 19. Jahrhunderts. Im Zuge der **Industrialisierung** wuchs die Wirtschaftskraft der Stadt exponentiell. Während Pest ein ideales Terrain für die Ansiedlung von Industrie war, konnten in Buda aufgrund seiner **hügeligen Topographie** nur begrenzt Fabriken gebaut werden.

« Vorseite: Die Donaubrücken sind Lebensadern der Stadt

‹ Trügerisch: Die Sphinx stammt nicht aus der Zeit der alten Ägypter, sondern „nur" aus dem 19. Jh.

Die **städtebauliche Explosion** folgte einige Jahrzehnte später. Befeuert von der Errichtung der Kettenbrücke und dem „Ausgleich" zwischen Ungarn und Österreich, der 1867 die k.-u.-k.-Doppelmonarchie entstehen ließ, wurde Pest (und in kleinerem Umfang auch Buda) zu einer veritablen Metropole ausgebaut. Alte Stadtviertel mussten weichen und in wenigen Jahrzehnten entstand eine prächtige, **mondäne Stadt,** die auf die Zeitgenossen wirkte wie heutzutage die verrückten Riesenstädte Arabiens und Asiens auf Besucher aus dem „alten Europa". Aus dieser Zeit stammen die herrlichen **Repräsentativbauten** und Mietshäuser des Stadtzentrums, die mit ihrem **fantasievollen, historistischen Architekturmischmasch** bis heute für die ganz besondere Budapester Atmosphäre sorgen. Seinerzeit bestand eine Verordnung, der zufolge 20 Prozent des Budgets eines Bauvorhabens für die **Dekoration** aufgewendet werden mussten. Dementsprechend blickt eine Unzahl von Putten, antiken Göttern, Blumenranken und sonstigen Zitaten aus 3000 Jahren Architekturgeschichte von Fassaden, Balkonsimsen und Fensterrahmen auf die Straße herab. Extremstes Beispiel ist wohl die **Staatsoper** (20), die tatsächlich von zwei waschecht kopierten Sphinxen bewacht wird! Im Gegensatz zu dieser Verspieltheit folgt die **Straßenführung** einer strikten Geometrie. Breite Ausfallstraßen, dazwischen rechtwinklig angeordnete Gassen, die von insgesamt drei Ringstraßen umrundet werden – das ist die Struktur des Pester Stadtzentrums. So fällt die Orientierung leicht, und aufgrund der nicht allzu großen Entfernungen lässt sich die Innenstadt gut zu Fuß erkunden. Wer doch einmal müde Füße bekommt, wird vom **öffentlichen Nahverkehrssystem** zuverlässig von A nach B gebracht.

Blick von Buda nach Pest

Von den Anfängen bis zur Gegenwart

Die Entwicklung Budapests hängt eng mit der günstigen Lage der Stadt an der Donau zusammen. Die blühende, aber provinzielle Handels- und Hafenstadt wurde im 19. Jahrhundert im Zuge wirtschaftlicher und politischer Veränderungen innerhalb weniger Jahrzehnte zu einer Weltmetropole ausgebaut.

10.000–8.000 v. Chr.: Aus dieser Zeit stammen die frühesten Überreste menschlicher Besiedlung in den Höhlen der Budaer Berge.

4.–3. Jahrhundert v. Chr.: Der keltische Stamm der Eravisker siedelt sich auf dem Gellért-Berg an.

ca. 89 n. Chr.: Das rechte Donauufer wird von den Römern erobert. Sie gründen auf dem Gebiet des heutigen Óbuda die Stadt Aquincum. Sie hat zeitweise bis zu 50.000 Einwohner und ist Hauptstadt der Provinz Pannonia inferior.

409: Im Zuge des Zerfalls des Römischen Reiches wird Aquincum aufgegeben.

ca. 900: Die Magyaren erobern das Karpatenbecken.

1000: Stephan, Sohn des magyarischen Stammesführers Géza, wird zum ersten christlichen König Ungarns gekrönt. Er führt das Christentum teilweise mit Gewalt ein und schafft einen effizienten, modernen Staat. Seine Frau Gisela stammt aus Bayern. 1083, einige Jahrzehnte nach seinem Tod, wird Stephan heiliggesprochen.

1241: Nach dem Mongolensturm siedelt König Béla IV. Bürger auf dem Budaer Burghügel an und beginnt mit der Errichtung einer Festung.

1255: Buda erhält das Stadtrecht und entwickelt sich zu einem wichtigen Wirtschaftsstandort.

1387–1437: Der ungarische König Sigismund von Luxemburg entscheidet sich endgültig für Buda als Hauptstadt. 1389 stiftet er in Óbuda eine Universität. Parallel wird Pest zur bedeutenden Handelsstadt.

1458–1490: Unter König Matthias Corvinus wird Buda zu einem der Zentren der Renaissance in Mitteleuropa.

1541: Die Armee des Osmanischen Reiches nimmt Buda ein.

1686: Rückeroberung Budas. Die österreichischen Habsburger kommen in Ungarn endgültig an die Macht. Die Bevölkerungsverluste durch die Kriege in der osmanischen Zeit werden durch Einwanderer aus dem deutschsprachigen Raum ausgeglichen.

1838: Am 13. März vernichtet ein vereistes Hochwasser über die Hälfte der Gebäude in Pest und fordert zahlreiche Todesopfer. Durch die Zerstörungen wird aber auch Platz frei für die Stadtentwicklung.

025bp Abb.: gk

1846: Die Kettenbrücke und die erste Bahnlinie des Landes zwischen Pest und Vác werden eröffnet.

1848: Am 15. März bricht die Revolution gegen das Habsburgerregime aus. Die Pester Revolutionäre fordern die Einrichtung einer eigenen Regierung für Ungarn, die Pressefreiheit und die Befreiung der politischen Gefangenen, was zunächst gewährt wird. Als die Österreicher die errungenen Freiheitsrechte wieder beschränken wollen, bricht der bewaffnete Widerstand aus.

1849: Die Regierung verlässt im Zuge der Kämpfe Buda und Pest. Die Revolutionsarmee gewinnt zunächst die Oberhand, muss sich aber im Herbst der Übermacht der von Wien zu Hilfe gerufenen russischen Heere beugen.

1867: „Ausgleich" zwischen Österreich und Ungarn. Die k.-u.-k. Doppelmonarchie wird gegründet, Ungarn erhält in zahlreichen Gebieten weitreichende Autonomiebefugnisse. Dies ist der politische Startschuss für den Ausbau von Buda und Pest zur Weltstadt.

1872: Pest, Buda und Óbuda werden zur neuen Hauptstadt Budapest vereinigt. Die Einwohnerzahl beträgt zu diesem Zeitpunkt 300.000 und wird sich in den folgenden 30 Jahren mehr als verdoppeln. In dieser Zeit wird die Stadt praktisch komplett neu „aus dem Boden gestampft". Die Infrastruktur wird massiv ausgebaut.

1896: Zur 1000-Jahr-Feier der ungarischen Landnahme entstehen zahlreiche Repräsentativbauten.

1919: Nach gescheiterten Versuchen einer Demokratie und einer Räterepublik gelangt Admiral Miklós Horthy an die Macht. Er proklamiert sich mangels König (die Habsburger hatten bereits ein Jahr zuvor auf den Thron verzichtet) zum Reichsverweser und installiert ein reaktionäres politisches System.

1920: Ungarn verliert gemäß des Friedensvertrags von Trianon nach dem Ersten Weltkrieg zwei Drittel seines Staatsgebiets und ein Drittel der ethnisch ungarischen Bevölkerung. Budapest wird von Flüchtlingen aus den abgetrennten Gebieten regelrecht überschwemmt.

027bp Abb.: gk

Die Freiheitsstatue auf dem Gellért-Berg steht für das Kriegsende 1945

Zahlreiche Schilder erinnern an das Hochwasser 1838

1941: Ungarn tritt an der Seite des Deutschen Reiches in den Zweiten Weltkrieg ein. Zuvor hatte das Land einige der 1920 verlorenen Gebiete durch Vermittlung Hitlers zurückerhalten.

1944: Am 19. März besetzt das Deutsche Reich seinen Verbündeten Ungarn. Am 15. Oktober versucht Miklós Horthy, einen Separatfrieden mit den Alliierten auszuhandeln. Er scheitert und wird von den Deutschen abgesetzt. Die hungarofaschistische Pfeilkreuzler-Partei kommt an die Macht. Die jüdische Bevölkerung wird in Gettos gesperrt. Obwohl viele ermordet werden, kann zumindest in Budapest die massenhafte Deportation verhindert werden.

1945: Hitler erklärt Budapest zur „Festung", die nicht aufgegeben werden darf. In den schweren Gefechten werden große Teile der Stadt zerstört. Am 11. Februar versuchen die 30.000 im Burgviertel eingekesselten deutschen und ungarischen Soldaten auszubrechen. In den Budaer Bergen werden die meisten von ihnen von der Roten Armee getötet. Insgesamt sterben in der Schlacht um Budapest rund 150.000 Menschen.

1947: Nach einer kurzen Phase des demokratischen Wiederaufbaus gelangen die Kommunisten durch Wahlfälschung an die Macht. Deportationen, Schauprozesse und Gewaltdelikte gegen politische Gegner und „Klassenfeinde" sind die Folge.

1956: Am 23. Oktober entwickeln sich aus einer Studentendemonstration Massenproteste gegen das Regime. Der bewaffnete Widerstand wird ausgerufen, Teile der Armee stellen sich auf die Seite der Revolutionäre. Am 30. Oktober bildet der kommunistische Ministerpräsident Imre Nagy eine Mehrparteienregierung und erklärt den Austritt Ungarns aus dem Warschauer Pakt. Am 4. November wird die Revolution von sowjetischen Panzereinheiten blutig niedergeschlagen.

Ab 1968: Staats- und Parteichef János Kádár versucht, das Land zu stabilisieren, indem er das schweigende Wohlwollen der Bürger mit einem bescheidenen, aus ausländischen Staatskrediten finanzierten Wohlstand erkauft.

1988: Es bilden sich immer mehr oppositionelle Zirkel und Parteien. Seit dem 1. Januar können die Bürger ohne größere Hürden einen weltweit gültigen Reisepass erhalten.

1989: Ungarn öffnet seine Grenzen in Richtung Österreich. Am 23. Oktober wird nach langen Verhandlungen zwischen dem Regime und den Oppositionsparteien die Republik ausgerufen.

1990: Die ersten freien Wahlen seit 1947 bringen einen Erdrutschsieg der demokratischen Opposition.

2004: Ungarn tritt der Europäischen Union bei.

2010: Als Resultat der Parlamentswahlen wird Viktor Orbán zum Ministerpräsidenten gewählt. Er leitet tiefgreifende, kontrovers diskutierte Änderungen in Politik, Wirtschaft und Gesellschaft ein.

2019: Der Zusammenstoß eines Ausflugsbootes und eines Donau-Kreuzfahrtschiffes fordert 28 Todesopfer und lässt die Diskussion um die Präsenz der Kreuzfahrtschiffe im Zentrum wieder aufflammen.

027bp Abb.: mt

Leben in der Stadt

Die Budapester sind ein besonderer Menschenschlag. Mit einer Mischung aus bissiger Ironie, stoischem Gleichmut und unverwüstlichem Improvisationstalent meistern sie ihren Alltag, und mit genau dieser Haltung haben sie ihre Stadt nach den Zerstörungen der Geschichte immer wieder aufgebaut und lebenswert gemacht.

Dass Budapest in jeglicher Hinsicht das uneingeschränkte Zentrum Ungarns ist, zeigt sich schon im Sprachgebrauch. Im Ungarischen fährt man nicht „nach“, sondern „auf“ Budapest (oder kurz: „hinauf“), und wer die Hauptstadt verlässt, fährt „hinunter“. Das zurrt die Hierarchien unmissverständlich fest, und tatsächlich sprechen die Zahlen eine deutliche Sprache: Ein **Fünftel der Ungarn** lebt in der Hauptstadt, und 40 Prozent der **Wirtschaftsleistung** des Landes entstehen hier. Die **staatlichen Institutionen** befinden sich ausnahmslos in Budapest, rund zwanzig **Theater**, mehrere Dutzend **Museen** und über zehn **Universitäten** und **Fachhochschulen** komplettieren das Bild. Es ist also wenig überraschend, dass sich die Budapester gern selbstbewusst und weltgewandt geben – von Bewohnern anderer Landesteile wird dies hin und wieder als überheblich oder arrogant beschrieben.

In Wirklichkeit ist das jedoch nichts anderes als eine Überlebensstrategie. Jahrhundertelang war die Stadt ein **Schmelztiegel** verschiedenster Kulturen. Deutsche, Slowaken, Juden, Serben, Griechen und ja, auch ein paar Ungarn (die aber bis zur Wende zum 20. Jahrhundert in der Minderheit waren), mussten ein dickes Fell und große Flexibilität an den Tag legen, um mit ihren Mitbürgern gut auszukommen. Diese **Flexibilität** ist bis heute charakteristisch für die Budapester. Es gibt kein Problem, das nicht irgendwie gelöst werden, keinen Termin, der nicht kurz vorher anberaumt oder abgesagt werden kann. Klar, dass diese Herangehensweise zuweilen auch in Schlitzohrigkeit übergehen kann. Gerade als Tourist muss man hin und wieder aufpassen, dass man nicht übervorteilt wird. Budapest ist eine Stadt, in der man hellwach sein und seine Interessen klar vertreten muss.

Auf der anderen Seite lässt es sich in Budapest **hervorragend leben.** Gäste und Einheimische schätzen die reichhaltige Kultur, die vielen Freizeitmöglichkeiten und das tolle gastronomische Angebot. Die traditionsreiche Kaffeehauskultur wiederum bietet den idealen Rahmen für den erholsamen Müßiggang. Hier wundert sich niemand darüber, wenn jemand einen ganzen Tag lang in Gesellschaft einer einzigen Tasse Espresso in einem Café sitzt und liest – es könnte ja ein Intellektueller bei der Arbeit sein, so wie früher, als die Dichter und Journalisten ihre Stammlokale als Büro nutzten. Und wenn man sich dann nach einem ereignisreichen Tag im warmen Wasser eines **Thermalbades** entspannt, ist man schon mittendrin angekommen im Budapester Lebensgefühl, das einem neben der vielen Betriebsamkeit auch die Freiheit lässt, all' die fürchterlich wichtigen Dinge erst morgen zu erledigen ...

◁ Die große Landesausstellung fand ab Mai 1896 u. a. auf dem damals neu angelegten Heldenplatz 22 statt

Verfallende Häuserfassaden

Warum werden die vielen Fassaden nicht renoviert? Diese Frage stellen sich Besucher häufig, wenn sie durch das Stadtzentrum schlendern. Tatsächlich sind manche der Wohnhäuser aus dem späten 19. Jahrhundert prächtig renoviert, andere wiederum ***verfallen zusehends.*** *Eine Systematik ist nicht zu erkennen, oft stehen nagelneu verputzte Fassaden direkt neben einsturzgefährdeten Bauten.*

072bp Abb.: gk

Diese Entwicklung liegt in der ***Eigentümerstruktur*** *begründet. Ursprünglich gehörten die Häuser wohlhabenden Bürgern. Nach dem Zweiten Weltkrieg wurden die Gebäude von der kommunistischen Regierung verstaatlicht, die Bewohner mussten ausziehen und die Wohnungen wurden neu verteilt. Renoviert wurde nur in Ausnahmefällen. Nach der politischen Wende 1989 wurde* ***Privateigentum*** *wieder gestattet, Immobilien galten (und gelten bis heute) als erstrebenswertes Gut.*

Die Budapester Bezirksverwaltungen nutzten diesen Trend, um sich in den 1990er-Jahren praktisch ihres gesamten, inzwischen dringend renovierungsbedürftigen Wohnungsbestands zu entledigen: Sie verkauften die Wohnungen zu äußerst günstigen Preisen an die jeweiligen Bewohner. In den ehemaligen Mietshäusern wohnen nun mehrere Dutzend Eigentümer, die gemeinsam für die Instandhaltung des Gebäudes verantwortlich sind. Wenn das Geld nicht aufgebracht werden kann, finden Renovierungen ganz einfach nicht statt. Nicht wenige Treppenhäuser und Innenhöfe sind deshalb in lebensgefährlichem Zustand. Wo aber Renovierungen gelungen sind, können sich Bewohner und Besucher einer architektonischen Landschaft erfreuen, die ihresgleichen sucht.

◁ Wenn Eigentümer kein Geld für die Renovierung haben, behelfen sie sich eben anders

Beständig ist nur der Wandel

Untätigkeit kann man der seit 2010 amtierenden ungarischen Regierung unter der Führung von Ministerpräsident Viktor Orbán sicher nicht attestieren. Mit großem Elan und zuweilen ebenso großem Mangel an Durchdachtheit haben Orbán und seine Partei Fidesz in den vergangenen Jahren im Eiltempo **grundlegende Reformen in Wirtschaft und Gesellschaft** durchgeführt.

Während diese Hemdsärmeligkeit auf politischer Ebene gutsherrenartig-zynisch wirkt und rechtsstaatlich des Öfteren zumindest fragwürdig ist, kommt sie der Stadtentwicklung Budapests durchaus zugute. In den vergangenen Jahren kamen derart viele Neuerungen auf die Budapester zu, dass sie ihre Stadt stellenweise nicht mehr wiedererkennen. So wurde die **neue U-Bahn-Linie M4** nach einer scheinbar endlosen Bauzeit und immensen Kosten eröffnet (s. S. 121). Der **Kossuth Lajos tér**, der Platz vor dem Parlament 29, wurde komplett umgebaut, ein unterirdisches Besucherzentrum ist entstanden, und endlich wurden auch die Autos von dem Platz verbannt. Südlich der Rákóczi-Brücke entsteht ein komplett neuer Stadtteil mit Hochhäusern. Auch die **Sanierung der Musikakademie** (s. S. 72) ist zum Abschluss gekommen, seit 2018 wird mit der **Staatsoper** 20 der zweite wichtige Musiktempel der Stadt hergerichtet.

Im Burgviertel hat mit dem Umbau des ehemaligen Karmeliterklosters zum Ministerpräsidialamt die **Umgestaltung des Szent György tér** 5 begonnen, die sich noch ein paar Jahre hinziehen wird. Ein etwas seltsames Detail ist, dass an der Südseite des Platzes die **ehemaligen Stallungen des Königlichen Palasts** aus dem Nichts wiederaufgebaut wurden und an dieser denkbar ungeeigneten Stelle sogar Pferde gehalten werden sollen. Am Donauufer wurde die Sanierung des seit dem Zweiten Weltkrieg baufälligen **Burggartenbasars** beendet. In dem historischen Gebäudeensemble sind Ateliers und Veranstaltungsräume entstanden. Der komplett neue Zugang zum Burgviertel mit Aufzügen und Rolltreppen hat die touristische Topografie der Stadt nachhaltig verändert.

In den **Außenbezirken** wiederum entstehen neue **Sportanlagen**, ganz zu schweigen von den hochtrabenden Plänen für ein **Museumsviertel im und neben dem Stadtwäldchen**, die sich allerdings noch in einem Frühstadium befinden. Zunächst wurden einige baufällige Gebäude abgerissen und Bäume gefällt, was bei den Bürgern für starken Unmut sorgte. Ähnliche Bilder wie bei dem vor einigen Jahren in Stuttgart ausgebrochenen Konflikt um den Tiefbahnhof „Stuttgart 21“ machten die Runde und tatsächlich ist der Kern des **Konflikts** vergleichbar: Es geht um die Frage, was verschiedene Akteure unter Lebensqualität verstehen, wie Stadtentwicklung vorangetrieben werden soll und ob es auf Dauer möglich ist, Großprojekte ohne Beteiligung der Betroffenen zu verwirklichen. In Budapest kommt noch hinzu, dass viele das Gefühl haben, das geplante Museumsviertel im Park diene vor allem Touristen, während die ohnehin spärlichen Grünflächen der Stadt eigentlich für die Einheimischen da sein sollten.

Nach diesen weitreichenden Umgestaltungen des öffentlichen Raums sind in den kommenden Jahren die

Privathäuser dran. Durch die stetig wachsende Beliebtheit Budapests bei Besuchern, Studenten und Menschen aus anderen Teilen Ungarns ist eine **große Nachfrage nach Wohnungen** entstanden. Das Entstehen eines entsprechenden Angebots wird mittels befristeter **Steuervergünstigungen für Wohnbauten** künstlich beschleunigt. Das Ergebnis lässt sich überall in der Stadt besichtigen: In fast jeder Straße entstehen Neubauten, die architektonisch bis auf wenige Ausnahmen leider sehr mittelmäßig ausfallen. Im Innern finden sich zumeist Ein-Zimmer-Appartementwohnungen, die sich leicht an eine gut zahlende touristische Klientel vermieten lassen. Die **Problematik der Ferienwohnungen**, die in vielen Großstädten gewachsene Strukturen in Wohnvierteln zerstört, hat auch in Budapest Einzug gehalten. Im günstigsten Fall werden dabei nur leerstehende Grundstücke bebaut. Viel zu oft jedoch fallen dem Bauboom historische, teilweise sogar denkmalgeschützte Gebäude zum Opfer – bei den korrupten Bezirksbehörden lassen sich Abrissgenehmigungen oft einfach „kaufen". Viele Bürger fragen sich, wohin diese besorgniserregende Entwicklung führen soll. Ein Nebeneffekt des Baubooms ist, dass die in den vergangenen rund zehn Jahren gewachsene **Abbruchklub- und „Garten"-Szene** (s. S. 70) akut bedroht ist. Zwar ursprünglich tatsächlich nur als Zwischennutzung geplant, darf man jedoch nicht vergessen, dass diese Lokale einen wesentlichen Anteil an der neuen Popularität Budapests und dem Aufstieg der Stadt zu einer weltweit bekannten Tourismusdestination haben.

Neu ist auch, dass man auf den Baustellen und an vielen anderen Arbeitsplätzen zunehmend fremde Sprachen hört. Ungarn leidet unter einem **eklatanten Arbeitskräftemangel**, der zunehmend mit ausländischen Arbeitnehmern gedeckt wird. Dies gilt vor allem für das Baugewerbe und für große Fabriken. Demgegenüber ist es sehr schwer, zum Beispiel als Privatperson einen fähigen Handwerker zu finden. Auch dem Gesundheitswesen und den Schulen geht das Personal aus. Grund dafür ist die **Auswanderungswelle**, die das Land erfasst hat.

In den vergangenen Jahren haben Hunderttausende Ungarn ihre Heimat Richtung Westeuropa verlassen. Die Zahl dieser „EU-Wirtschaftsflüchtlinge" wird auf eine Million geschätzt – rund zehn Prozent der Bevölkerung. Es gibt kaum noch Familien, in denen nicht mindestens ein Mitglied vorübergehend oder dauerhaft im Ausland lebt. So etwas war in diesem Ausmaß in Ungarn bislang unbekannt. Die langfristigen Auswirkungen dieses *brain drain* auf die Wirtschaft und die psychologischen sowie gesellschaftlichen „Nebenwirkungen" werden sich in den kommenden Jahren erst noch zeigen. Sicher ist immerhin schon einmal, dass die Löhne endlich angefangen haben zu steigen. Aber noch immer beträgt der Durchschnittslohn nur 720 € netto im Monat, bei inzwischen weitgehend westeuropäischem Preisniveau. Und es lässt sich immer weniger vermitteln, warum jemand im nur 250 km entfernten Wien drei- bis viermal soviel Geld für die gleiche Arbeit erhält wie sein Pendant in Budapest. Jenseits der aus den Medien bekannten markigen Töne von Ministerpräsident Orbán ist in den Augen der meisten Bürger dies das Problem, das von Politik und Wirtschaft am dringendsten angegangen werden muss.

PRAKTISCHE REISETIPPS

045bp Abb.: mt

An- und Rückreise

Mit dem Flugzeug

Der **Flughafen Franz Liszt** (Liszt Ferenc Nemzetközi Repülőtér, im alltäglichen Sprachgebrauch oft Ferihegy) liegt ca. 25 Kilometer südöstlich des Zentrums. Er wird von den Fluggesellschaften Austrian Airlines (Wien), Easyjet (Basel, Berlin, Genf), Eurowings (Düsseldorf, Hamburg, Köln/Bonn, Stuttgart), LOT (Stuttgart), Lufthansa (Frankfurt, München), Ryanair (Berlin, Luxemburg, Nürnberg, Stuttgart), SWISS (Zürich) und Wizz Air (Basel, Berlin, Dortmund, Frankfurt, Hannover) angeflogen. Austrian Airlines, Lufthansa und SWISS fliegen vom Terminal 2A, die anderen Fluggesellschaften vom Terminal 2B. Beide Terminals befinden sich in demselben Gebäude.

Die praktischste Möglichkeit, vom Flughafen in die Innenstadt zu gelangen, bietet die **Buslinie 100E**. Sie fährt alle zehn Minuten am Flughafen ab, die Fahrzeit zum Deák Ferenc tér [E5] beträgt etwa 30 Minuten. Der Bus hält unterwegs lediglich einmal, am Kálvin tér [F7]. Tickets für eine einfache Fahrt kosten 900 Ft und können am Automaten (mit ungarischem Bargeld oder Kreditkarte) sowie beim Fahrer (nur ungarisches Bargeld, möglichst passend zahlen) gekauft werden. EU-Staatsangehörige bis 6 und ab 65 Jahren werden gratis befördert. Normale BKK-Fahrscheine und -Zeitkarten gelten auf dieser Linie nicht. Wer ein Fahrtziel im Süden der Stadt hat, kann die **Buslinie 200E** nutzen. Sie fährt in ca. 25 Minuten zur U-Bahn-Station Kőbánya-Kispest, von wo es weitere 15 Minuten Fahrt ins Stadtzentrum sind. Zu Fahrscheinen siehe S. 124.

Eine **Taxifahrt** ins Zentrum dauert 20 bis 30 Minuten und kostet etwa 8–9000 Ft. Vor dem Terminal warten ausschließlich Taxen des offiziellen Flughafen-Partnerunternehmens **Főtaxi** (www.fotaxi.hu), dessen Hostessen potenzielle Fahrgäste schon im Flughafengebäude ansprechen. Unter keinen Umständen sollte man bei einem der **privaten Taxifahrer** einsteigen, die ebenfalls im Terminal nach Fahrgästen Ausschau halten.

Die **Minibusse** des Unternehmens Minibud (www.minibud.hu), die im Terminal ebenfalls aggressiv beworben werden, sollten wegen der unberechenbaren Fahrzeiten und der undurchsichtigen Tarifstruktur vermieden werden.

◁ Vorseite: Manchmal muss man auch in Budapest kreativ werden, um einen passenden Parkplatz zu finden

▷ Frühmorgens geht es am Flughafen noch eher ruhig zu

Mit der Bahn

Budapest ist aus vielen Städten des deutschen Sprachraums direkt oder mit wenigen Umstiegen erreichbar. Endstation der Züge ist zumeist der Ostbahnhof 35 (im Fahrplan/auf Abfahrtstafeln „Budapest-Keleti pu." genannt) auf der Pester Seite, von dort geht es mit den U-Bahn-Linien M2 (Fahrtrichtung Déli pu.) und M4 oder den Buslinien 5, 7, 8E, 108E, 110, 112, 133E und 178 in die Innenstadt.

Wenn man aus Richtung München, Zürich oder Wien kommt, ist es allerdings besser, eine Station zuvor im modern-benutzerfreundlichen Bahnhof Kelenföld auszusteigen, von wo

060bp Abb.: gk

die U-Bahn-Linie M4 nur wenige Minuten ins Stadtzentrum benötigt.

Fahrpläne und die günstigen Europa-Sparpreise sind im Internet erhältlich unter:

- **Deutsche Bahn**, www.bahn.de
- **ÖBB**, www.oebb.at
- **SBB**, www.sbb.ch

Mit dem Auto

Zur Einreise wird neben den **Fahrzeugpapieren** der **Nachweis einer Haftpflichtversicherung** benötigt. Bei den EU-Nummernschildern mit dem blauen Streifen am Rand gilt das Nummernschild selbst als Nachweis, bei Schweizer Schildern ist ein ovaler Aufkleber mit Länderkennzeichen erforderlich. Eine „Grüne Karte" wird nicht benötigt.

Die ungarischen **Autobahnen** sind **gebührenpflichtig.** Die Gebühr wird am besten online unter https://ematrica.nemzetiutdij.hu oder an den Verkaufsständen an den Grenzübergängen entrichtet, wo man auch in Euro bezahlen kann. Für Fahrzeuge bis 3,5 Tonnen (Kategorie D1) kostet die Autobahngebühr für 10 Tage 3500 Ft (für Motorräder 1470 Ft), für 30 Tage 4780 Ft. Beim Kauf muss das Kennzeichen des Fahrzeugs sowie das Herkunftsland angegeben werden. Man erhält keinen Aufkleber für die Windschutzscheibe, sondern lediglich eine Art Kassenbon, der als Kaufbeleg gilt und aufbewahrt werden sollte. Die Kontrolle erfolgt mit Kameras, die die Kennzeichen ablesen und mit einer Datenbank abgleichen.

Autofahren

Budapest ist wie alle Großstädte kein besonderes Vergnügen für Autofahrer. Das Straßennetz im Stadtzentrum ist ursprünglich für den Verkehr des 19. Jahrhunderts ausgelegt und dementsprechend insbesondere tagsüber überlastet. Das Burgviertel (außer für Hotelgäste), die Margaretheninsel sowie in der Pester Innenstadt die Váci utca und das Viertel um die Basilika herum sind **für Autos gesperrt.**

Größtes Ärgernis im Budapester Straßenverkehr sind die **Rollerfahrer,** oft als Pizza- oder sonstige Kuriere unterwegs. Riskant und rücksichtslos schlängeln sie sich durch jeden Stau und jede Fußgängerzone. Motorroller brauchen in Ungarn bis zu einer bestimmten Hubraumgröße kein Kennzeichen und haben folglich auch keine Haftpflichtversicherung. Bei Unfällen mit diesen Fahrzeugen sollte deswegen immer die Polizei gerufen werden.

Als **Parkplatz** bieten sich vor allem die zahlreichen Tiefgaragen und Parkhäuser an. Die Preise variieren zwischen 190 und 500 Ft pro Stunde, es sind in der Regel auch Tages- und Wochenkarten erhältlich. Darüber hinaus bieten die meisten Hotels eigene Parkmöglichkeiten für ihre Gäste.

Auf der Straße ist das Parken von 8 bis 20 Uhr kostenpflichtig und mit 240 bis 400 Ft pro Stunde zumeist auch nicht günstiger als die Parkhäuser. Die Parkautomaten nehmen ausschließlich Forint-Münzen. Wer keinen Parkschein besitzt, riskiert ein Knöllchen. Im Halteverbot stehende Autos werden mit Radkrallen fixiert oder abgeschleppt.

Eine Auswahl zentral gelegener **Tiefgaragen** und **Parkhäuser:**

- P143 [E3] **Parkhaus VI. Weiner Leó u.** 16
- P144 [E4] **Parkhaus VI. Zichy Jenő u.** 9
- P145 [G5] **Parkhaus VII. Akácfa u.** 12–14
- P146 [A2] **Tiefgarage II. Lövőház u.** 2–6, im Einkaufszentrum Mammut
- P147 [D4] **Tiefgarage V. Szabadság tér**
- P148 [G5] **Tiefgarage VIII. József krt.** 5, im Einkaufszentrum Europeum, Einfahrt aus der Somogyi Béla utca
- P149 [F6] **Tiefgarage VIII. Pollack Mihály tér**

Darüber hinaus bieten die meisten großen Hotels öffentliche Tiefgaragenplätze. **Park-and-Ride-Parkplätze** sind rar gesät. Praktisch gelegen ist der kostenlose P+R-Parkplatz beim Bahnhof Kelenföld (Kelenföld vasútállomás), von wo aus man mit der U-Bahn-Linie M4 das Standzentrum in wenigen Minuten erreichen kann. Der Trick, das Auto kostenlos in einem Außenbezirk abzustellen und mit der U-Bahn in die Stadt zu fahren, funktioniert in Budapest nicht, da Parkplätze auch weit außerhalb des Stadtzentrums gebührenpflichtig sind.

Tankstellen *(benzinkút)* sind in der unmittelbaren Innenstadt eher selten. Einige Adressen:

- •150 [A3] **Tankstelle II. Csalogány u.** 55
- •151 [F7] **Tankstelle VIII. Baross u.** 5
- •152 [ch] **Tankstelle VIII. Futó u.** 52
- •153 [E10] **Tankstelle XI. Irinyi József u.** (Budaer Seite der Petőfi-Brücke)

Die Benzinsorten werden mit der **Oktanzahl** angegeben, also „95" oder „98". Diesel heißt *dízel* oder *gázolaj* (abgekürzt „G"). Bei Drucklegung kosteten sowohl 95er-(Super-)Benzin als auch Diesel im Durchschnitt 400 Ft.

Vor der Fahrt nach Ungarn sollte ein **Auslandsschutzbrief** beim Kfz-Versicherer oder bei einem Automobilklub abgeschlossen werden. Damit ist bei Pannen die deutschsprachige Abwicklung gesichert. Wer keinen Auslandsschutzbrief hat, kann sich im Falle des Falles an den Pannenservice des Ungarischen Autoklubs wenden.

> **Magyar Autóklub (MAK),** Tel. 188. Ungarischer Automobilklub.

Bei Unfällen sollte stets das gelbblaue **Europäische Unfallprotokoll** ausgefüllt und der Versicherer sowie die Police-Nr. des Unfallgegners erfragt werden. Bei Streitigkeiten und bei Unfällen mit Personenschaden muss die **Polizei** unter der Telefonnummer 112 benachrichtigt werden.

Die internationalen **Mietwagenfirmen** haben neben ihren Flughafenfilialen Büros in der Innenstadt:

- •154 [D4] **Avis,** V. Arany János u. 26–28 (Bank Center), U-Bahn M3, Bus 9, Obus 72 und 73 Arany János utca oder Bus 15/115 Hercegprímás utca (nur in Richtung Gyöngyösi utca/Árpád híd bedient), Tel. 3184240, www.avis.hu, geöffnet: Mo.–Fr. 7–18 Uhr, Sa. 8–14 Uhr
- •155 [ce] **Buchbinder,** XIII. Váci út 99, U-Bahn M3, Bus 15 Forgách utca, Tel. 2252170, www.buchbinder.co.hu, geöff-

net: Mo.-Sa. 7.30-18 Uhr, So. 10-18 Uhr

●156 [cf] **Budget,** XIII. Kassák Lajos u. 19-25, Straßenbahn 14 Dévai utca oder Obus 75 und 79 Kassák Lajos utca, Tel. 709318000, www.budget.hu, geöffnet: tägl. 8-20 Uhr

●157 [D5] **Europcar,** V. Erzsébet tér 4 (Hotel Kempinski), U-Bahn M1, M2 und M3, Straßenbahn 47/48/49, Bus 9, 16 und 105 Deák Ferenc tér oder Bus 15/115 Erzsébet tér (nur in Richtung Gyöngyösi utca/Árpád híd bedient), Tel. 5054400, www.europcar.hu, geöffnet: Mo. 8-18 Uhr, Di.-Do. 8-16.30 Uhr, Fr. 8-18 Uhr, Sa. 8-12 Uhr

●158 [G4] **Fox Autorent,** VII. Hársfa u. 53-55 (Parkhaus des Grand Hotel Corinthia), Straßenbahn 4/6, Obus 70 und 78 Király utca/Erzsébet körút, Tel. 3829000, www.fox-autorent.com, geöffnet: tägl. 8-20 Uhr

●159 [D6] **Hertz,** V. Apáczai Csere János u. 4 (Hotel Marriott), Straßenbahn 2 Vigadó tér, Tel. 2960997, www.hertz.hu, geöffnet: tägl. 7-19 Uhr

Besondere Verkehrsregeln

- **Höchstgeschwindigkeiten:** Innerorts: 50 km/h, außerorts: 90 km/h (70 km/h über 3,5 t), Schnellstraßen: 110 km/h, Autobahnen: 130 km/h (80 km/h über 3,5 t)
- Es gilt absolutes **Alkoholverbot am Steuer** – 0,0 Promille! Zuwiderhandlungen werden knallhart bestraft, die Polizei hat sogar die Möglichkeit, den Führerschein an Ort und Stelle einzuziehen.
- Außerorts muss rund um die Uhr das **Abblendlicht** eingeschaltet werden.
- Bei **abknickender Vorfahrt** wird geblinkt, wenn man die Vorfahrtstraße verlässt. Wer also bei einer rechts abknickenden Vorfahrt geradeaus fahren will, blinkt links.
- Das frühzeitige Einordnen in eine **Busspur** ist erlaubt, wenn man rechts abbiegen will.
- Als **„Dankeschön"** fürs Einfädelnlassen o. Ä. wird kurz der Warnblinker gesetzt.

Ansonsten gelten die in Kontinentaleuropa üblichen Verkehrsregeln. Die **Bußgelder** sind relativ hoch, die Polizei verfolgt hierbei eine Null-Toleranz-Politik.

Barrierefreies Reisen

Budapest ist insgesamt leider **wenig behindertenfreundlich.** Insbesondere für Rollstuhlfahrer stellen die **hohen Bordsteinkanten** sowie die teilweise nur per Fußgängerunterführung zu überquerenden großen Straßenkreuzungen unüberwindbare Hindernisse dar.

Auf den Buslinien werden generell **Niederflurfahrzeuge** eingesetzt, ebenso wie auf den Obuslinien 70, 76 und 78. Bei den Straßenbahnen fahren auf der Linie 4/6 ausschließlich Niederflurfahrzeuge, auf den Linien 17 und 19/41 ist jede zweite Bahn für Rollstuhlfahrer zugänglich. Die neue U-Bahn-Linie M4 bietet Barrierefreiheit, alle anderen U-Bahnen und S-Bahnen (HÉV) sind für Gehbehinderte mangels Aufzügen leider nicht zugänglich.

Sehbehinderte Menschen finden fast immer jemanden, der ihnen bei Hindernissen unter die Arme greift. In **öffentlichen Verkehrsmitteln** helfen Ansagen beim Aussteigen an der richtigen Haltestelle, **Ampeln** werden zunehmend mit Lautsignalen und Markierungen auf dem Boden ausgestattet.

Diplomatische Vertretungen

- **●160** [A4] **Deutsche Botschaft (Német Nagykövetség),** I. Úri u. 64–66 (im Burgviertel), Bus 16 Kapisztrán tér (nur in Richtung Deák Ferenc tér bedient) bzw. Bécsi kapu tér, Tel. 4883500, www.budapest.diplo.de, geöffnet: Mo.–Fr. 9–12 Uhr, Do. zusätzlich 13.30–15.30 Uhr, vom 1. Juni bis zum 31. August zusätzlich Mo./Di. 13.30–15.30 Uhr
- **●161** [cf] **Österreichische Botschaft (Osztrák Nagykövetség),** VI. Benczúr u. 16, U-Bahn M1, Bus 105 Bajza utca, Tel. 4797010, www.bmeia.gv.at/oeb-budapest, geöffnet: Mo.–Fr. 9–11 Uhr
- **●162** [df] **Schweizer Botschaft (Svájci Nagykövetség),** XIV. Stefánia út 107, Obus 74 und 75 Zichy Géza utca, www.eda.admin.ch/budapest, Tel. 4607040, Termine nur auf Anfrage. Konsularischer Dienst: Schweizer Botschaft Wien, Prinz-Eugen-Straße 9a, Tel. +43 1 79505, www.eda.admin.ch/wien.

Ein- und Ausreisebestimmungen

Ungarn ist seit 2007 **Mitglied des Schengen-Raumes,** Grenzkontrollen finden nicht mehr systematisch statt. Es reicht aus, den **Personalausweis** mitzuführen. Dennoch bestehen **Einfuhrbeschränkungen** in andere EU-Staaten für bestimmte Produkte. So dürfen nach **Deutschland** höchstens 800 Zigaretten, 400 Zigarillos, 200 Zigarren und 1 Kilogramm loser Tabak eingeführt werden. Bei alkoholischen Getränken gelten als Obergrenze 10 Liter für Spirituosen und Alkopops, 60 Liter für Schaumwein und 110 Liter für Bier. Darüber hinaus dürfen 10 Kilogramm Kaffee eingeführt werden. Für Wein bestehen keine Obergrenzen.

Nach **Österreich** dürfen 10 Liter Spirituosen, 90 Liter Wein (davon höchstens 60 Liter Schaumwein) und 20 Liter sonstige alkoholische Getränke eingeführt werden. Die Grenzwerte für Tabakwaren sind mit denen für Deutschland identisch.

In die **Schweiz** dürfen aus der EU 200 Zigaretten, 50 Zigarren oder 250 Gramm loser Tabak sowie 2 Liter alkoholische Getränke mit einem Alkoholgehalt unter 15 Volumenprozent und 1 Liter alkoholische Getränke mit einem Alkoholgehalt über 15 Volumenprozent zollfrei eingeführt werden. Andere Waren sind bis zu einem Wert von 300 Schweizer Franken abgabenfrei.

Reisen Kinder nur mit einem Elternteil, kann sowohl bei der Ausreise als auch bei der Einreise eine **Einverständniserklärung** des anderen Elternteils erforderlich sein. Detailinfos erhält man beim Auswärtigen Amt und beim zuständigen Konsulat.

Elektrizität

Die **Netzspannung** beträgt 230 V, die Steckdosen entsprechen den in Deutschland und Österreich üblichen Schukosteckern.

Geld

Die offizielle Währung Ungarns ist der **Forint** (abgekürzt Ft, international auch HUF). Es gibt Münzen zu 5, 10, 20, 50, 100 und 200 Forint sowie

Umrechnungskurs
(Stand September 2019)

100 Ft = 0,30 €/0,33 SFr
1 € = 329 Ft
1 SFr = 303 Ft

Scheine zu 500, 1000, 2000, 5000, 10.000 und 20.000 Forint. Falls ein Preis nicht auf „0" oder „5" endet, wird auf- oder abgerundet.

2019 wurde die **Erneuerung der Banknotenserie** abgeschlossen. Aktuelle 500er-Noten sind leuchtend pink, 1000er-Noten tiefblau, 2000er-Scheine braun, 5000er-Noten gelb, 10.000er-Scheine lila und 20.000er-Noten grünlich. **Man sollte unbedingt auf das Ausgabejahr 2017 oder später achten!** Die alten Noten sind blasser in der Farbgebung und nicht mehr gültig. Die alten, nicht mehr gültigen Scheine sollten als Rückgeld abgelehnt werden. Leider versuchen insbesondere Taxifahrer immer wieder, Touristen alte Geldscheine oder solche aus anderen Ländern unterzujubeln. Hier ist Vorsicht angebracht, am besten macht man sich gleich nach dem Geldwechsel mit den Scheinen und Münzen vertraut.

Euros werden an vielen Orten im Budapester Stadtzentrum angenommen. Die von Restaurants und Händlern berechneten Kurse sind allerdings in der Regel schlechter als in den Banken und Wechselstuben. Auf jeden Fall sollte man vorher fragen.

Am besten ist es, sich mit ausreichend Forint zu versorgen. Bargeld tauscht man in einer der zahlreichen **Wechselstuben** in der Váci utca [E7] und an den Hauptverkehrsstraßen (zumeist mit „Change" angeschrieben) oder in einer **Bank**, wobei letztere etwas schlechtere Kurse anbieten. Alle Wechselstuben berechnen eine Gebühr von 100 bis 500 Ft. Die meisten Wechselstuben sind werktags bis 20 Uhr geöffnet. Der Tausch in den Wechselstuben ist vollkommen si-

Budapest preiswert

- *__Stadtrundfahrt__ mit der Straßenbahn: Spektakuläre Ausblicke auf Burgviertel, Parlament und Co. mit den Linien 2 und 19/41 genießen.*
- *Viele Restaurants bieten preiswerte __Mittagsmenüs__ für rund 1500 Ft oder sogar weniger an.*
- *Pause im touristischen Zentrum: Günstiger __Kaffee und Kuchen__ im Café im Obergeschoss des Supermarktes __CBA Budavár__ (s. S. 76), an gleicher Stelle gibt es auch Lebensmittel zu ganz normalen Preisen.*
- *__Bach für lau:__ In der evangelischen Kirche am Deák Ferenc tér [E5] finden Konzerte mit Werken von Johann Sebastian Bach statt (http://lutherania.lutheran.hu).*
- *Eine preiswerte __Schifffahrt__ bieten die Budapester Verkehrsbetriebe. Für nur 750 Ft kann man sich Budapest vom Wasser aus anschauen (s. S. 115). Die Schiffe sind oft recht voll, es lohnt sich, an den nördlichen bzw. südlichen Enden der Route einzusteigen.*

cher, allerdings sollte man einen Bogen um die Schalter am Flughafen, am Ostbahnhof sowie um die Filialen der Firma Interchange in der Váci utca und im Burgviertel machen. Diese bieten die normalen Kurse erst ab einem hohen Tauschbetrag an, darunter gibt es einen weitaus schlechteren. Ab und zu wird man auch von Geldwechslern auf der Straße angesprochen, was man freundlich, aber bestimmt zurückweisen sollte – es ist garantiert Betrug.

Darüber hinaus besteht die Möglichkeit, Forint an einem der zahlreichen **Geldautomaten** abzuheben. Allerdings können hier Gebühren anfallen, deren Höhe man am besten vor der Abfahrt bei seiner Hausbank erfragt. Die Bezahlung mit **Debit-/Giro- und Kreditkarten** (Visa-/Mastercard) ist weit verbreitet, lediglich in Restaurants sollte man vorher nachfragen.

Beim Abheben von Bargeld in Landeswährung sowie bei Kartenzahlungen wird manchmal angeboten, dass die Abrechnung mit dem eigenen Konto in Euro erfolgen kann. Das Verfahren ist als **Dynamic Currency Conversion (DCC)** bekannt. Wählt man diese Option, die ja sicherer erscheint, wird aber ein ungünstiger Wechselkurs zugrundegelegt, der erhebliche Kosten verursachen kann. Deshalb sollte man Abhebungen immer in der Landeswährung vom eigenen Konto abbuchen lassen. Dann legt die eigene Bank den offiziellen Devisenkurs zugrunde.

Das **Preisniveau** in Budapest ist mit demjenigen in deutschen und österreichischen Großstädten vergleichbar. Die Preise werden derzeit oft, teilweise sogar mehrmals im Jahr erhöht. Hotelzimmerpreise werden grundsätzlich in Euro angegeben.

Informationsquellen

Auskunft vor Ort

Das Tourismusamt ist online unter www.budapestinfo.hu zu erreichen. Darüber hinaus steht eine Reihe von Info-Punkten zur Verfügung.

- ℹ163 [E5] **Info-Punkt Deák Ferenc tér,** V. Sütő u. 2, U-Bahn M1, M2 und M3, Straßenbahn 47/48/49, Bus 9, 16 und 105 Deák Ferenc tér oder Bus 15/115 Erzsébet tér (nur in Richtung Gyöngyösi utca/Árpád híd bedient), geöffnet: tägl. 8–20 Uhr, Tel. +36 15761401
- ℹ164 [F3] **Info-Punkt Heldenplatz,** XIV. Olof Palme sétány 5 (im Gebäude der Eislaufbahn), U-Bahn M1, Bus 105 Hősök tere, geöffnet: tägl. 9–19 Uhr, Tel. +36 307794880
- ℹ165 [B4] **Info-Punkt Burgviertel,** I. Tárnok u. 15 (Pavillon im Park am Szentháromság tér), Bus 16 Szentháromság tér, tägl. 9–18 Uhr
- › **Info-Punkt im Ostbahnhof** 35, beim Haupteingang, tägl. 7–19 Uhr
- › Weitere Infoschalter befinden sich am Flughafen und in der Großen Markthalle (am Haupteingang rechts).
- › An zentralen Plätzen in der Stadtmitte versorgen **mobile Infostände,** erkennbar an ihren grün-weißen oder blauen Sonnenschirmen, die Besucher mit Informationen.

Die Stadt im Internet

- › **www.budapestinfo.hu.** Hier gibt es alle Infos, die Budapest-Besucher brauchen, und das auch in deutscher Sprache.
- › **www.funzine.hu.** Veranstaltungshinweise, Kinoprogramm, Restauranttips auf Englisch.
- › **www.tablefree.hu.** Über diese auch in deutscher Sprache existierende Internetseite kann man einen Tisch im Restaurant seiner Wahl reservieren.

Publikationen und Medien

Einfache **Stadtpläne** liegen kostenlos in der Ankunftszone des Flughafens, den Info-Punkten und an Hotelrezeptionen aus. Wer es detaillierter möchte, findet eine große Auswahl in Buchläden und an den Souvenirständen in der Váci utca [E7].

Veranstaltungshinweise auf Englisch findet man im **Budapest Funzine**, das in Cafés und Hotels kostenlos ausliegt.

Tickets

Im Allgemeinen sind Theatervorstellungen und Konzerte schnell ausverkauft, sodass es sich durchaus lohnt, sich seine Karten frühzeitig zu kaufen. Last-Minute-Theaterkarten oder Ähnliches gibt es in Budapest nicht. Eintrittskarten für Veranstaltungen aller Art sind in den **Info-Punkten** des Tourismusamts in der Sütő utca und am Heldenplatz sowie an den Kassen des jeweiligen **Veranstaltungsortes** erhältlich. Eine weitere Möglichkeit bieten folgende Vorverkaufsstellen:

- •166 [D1] **Broadway,** XIII. Hollán Ernő u. 10, Straßenbahn 2 und 4/6, Bus 9, 26, 91, 191, 226 und 291, Obus 75 und 76 Jászai Mari tér, Tel. 3404040, www.broadway.hu, geöffnet: Mo.–Fr. 10–18 Uhr
- •167 [B3] **Budavár Tours,** I. Batthyány tér 5–6 (im Obergeschoss der Markthalle), U-Bahn M2, Straßenbahn 19/41 Batthyány tér, Tel. 3565656, www.budavartours.hu, geöffnet: Mo.–Fr. 9–19, Sa. 9–15 Uhr
- •168 [F5] **Fókusz Könyváruház,** VII. Rákóczi út 14, Bus 5, 7, 8E, 108E, 110, 112, 133E und 178 Uránia, Tel. 4112400, www.lira.hu, geöffnet: Mo.–Fr. 9.30–20, Sa. 10–17 Uhr

Internet

Die meisten **Cafés** und **Hotels** verfügen über eigene **WLAN-Hotspots.** Das erforderliche Passwort kann beim Personal erfragt werden. Seit Mitte 2017 gibt es in der EU keine Roaminggebühren mehr. Damit wird das Telefonieren und Surfen mit dem Handy im EU-Ausland so günstig wie zu Hause – es sei denn, man nutzt das Handy im Ausland über einen längeren Zeitraum hinweg, dann können je nach Anbieter Nutzungsobergrenzen gelten.

Medizinische Versorgung

Das ungarische Krankenversicherungssystem basiert auf einer Pflichtmitgliedschaft aller Bürger bei der staatlichen Krankenversicherung. Budapest bietet eine **gute medizinische Versorgung,** wobei die öffentlichen, vom Staat (unter-)finanzierten Einrichtungen zuweilen in einem schlechten Zustand sind. Im Falle einer Behandlung muss man sich auf eine **überbordende Bürokratie** und **lange Wartezeiten** einstellen. Fast alle ungarischen Ärzte sprechen eine Fremdsprache (allerdings ist das nicht immer Deutsch oder Englisch).

Ausländische Versicherte aus EWR-Staaten und der Schweiz (aus Deutschland nur gesetzlich Versicherte) können mit ihrer **Europäischen Krankenversicherungskarte (EHIC)** in akuten Fällen die gleichen Leistungen in Anspruch nehmen wie ungarische Versicherte. Das bedeutet, dass man sich in einem öffentlichen Krankenhaus, Ärztezentrum oder einer Hausarztpraxis behandeln lassen kann und

Meine Literaturtipps

- *Krúdy, Gyula:* ***„Die rote Postkutsche"*** *(Suhrkamp Verlag 1999). Ein kaleidoskopartiges Porträt Budapests während der Habsburger Monarchie, das sich über alle Gesellschaftsschichten erstreckt. Der Roman zeichnet sich dadurch aus, dass er die Anekdote zur Kunstform erhebt und auf eine geschlossene, linear erzählte Geschichte verzichtet. Sehr hilfreich auch, wenn man die Kommunikationsgewohnheiten der Ungarn besser verstehen will.*
- *Szerb, Antal:* ***„Die Pendragon-Legende"*** *(dtv Verlag 2008). Ein gut zugängliches Werk von Antal Szerb (1901–1945), dem wichtigsten Literaturhistoriker Ungarns, der selbst auch als Autor tätig war. Die spannende „Pendragon-Legende" spielt in England und Wales und changiert gekonnt zwischen Übernatürlichem und Allzumenschlichem.*
- *Esterházy, Péter:* ***„Donau abwärts"*** *(Bloomsbury Taschenbuch Verlag 2006). Ein Reisebericht, der keiner ist. Péter Esterházy, der als zeitgenössisches „enfant terrible" der ungarischen Literatur gilt, nutzt den Flusslauf der Donau, um Geschichte mit Geschichten, Philosophie mit Unternehmertum und Seriosität mit „Windbeutelei" zu verbinden.*
- *Sjöwall, Maj/Wahlöö, Per:* ***„Der Mann, der sich in Luft auflöste"*** *(Rowohlt Verlag 2006). Einen spannenden Krimi aus der Zeit des Kommunismus sucht man in Ungarn vergeblich. Dafür haben sich zwei Schweden die Mühe gemacht, Kommissar Martin Beck auf eine verwirrende Fahndung in das kommunistische Budapest zu schicken, und dabei ein realistisches Porträt jener Zeit gezeichnet.*
- *Kertész, Imre:* ***„Roman eines Schicksallosen"*** *(rororo 2009). Der Schrecken wird zum Alltag - das ist die Entdeckung, die man in Imre Kertész' Erzählung aus der Perspektive eines deportierten ungarischen Juden macht. Kertész beschreibt den Alltag im KZ, die Akzeptanz von unfassbaren Normen und das Sich-darin-Fügen. Er erhielt 2002 den Nobelpreis für Literatur.*
- *Örkény, István:* ***„Minutennovellen"*** *(Suhrkamp Verlag 2011). István Örkény erfand in den bleiernen Jahren nach dem Zweiten Weltkrieg die Gattung der „Minutennovelle". Erklärtes Ziel des Autors war es, Geschichten zu produzieren, die die Leser „während einer Straßenbahnfahrt" in wenigen Minuten lesen konnten. Die kleinen Geschichten beginnen meist in Alltagssituationen, die sich innerhalb kürzester Zeit in absurde, komisch-bedrohliche Szenen wandeln. Tolle Lektüre, bei der einem das Lachen buchstäblich gefriert.*
- *Iro, Viktor:* ***„Gebrauchsanweisung für Budapest und Ungarn"*** *(Piper Verlag 2009). Das Buch zur Lebenshaltung: Wer es als Flaneur liebt, das Offensichtliche mit dem Tiefgründigen zu verbinden, wird in diesem Buch einen treuen Begleiter finden. Neben praktischen Tipps zum Stadtleben findet der Leser z. B. interessante Diskurse über die Geschichte Ungarns, ungarische Eigenheiten und ungarischstämmige Berühmtheiten aus aller Welt.*

die Möglichkeit hat, einen Rettungswagen (Tel. 104) zu rufen. Zuzahlungen, Praxisgebühren und Ähnliches werden in Ungarn nicht berechnet. Die Behandlung in privaten Facharztpraxen ist durch die EHIC nicht gedeckt. Die Europäische Krankenversicherungskarte erhält man auf Anfrage beim Versicherer, falls sie nicht ohnehin schon Bestandteil der heimischen Versichertenkarte ist.

Wer ganz sicher gehen möchte, sollte eine private **Reisekrankenversicherung** abschließen, die schon für einen geringen Jahresbeitrag zu haben ist. Vor der Fahrt nach Budapest kann man sich bei seiner Versicherung erkundigen, welche Leistungen inbegriffen sind. Man zahlt die Behandlung zunächst selbst und bekommt im Nachhinein eine Rückerstattung gegen Beleg. Dasselbe gilt generell für Privatversicherte aus Deutschland.

Die Botschaften (s. S. 102) stellen eine Liste **deutschsprachiger Ärzte** zur Verfügung. Einige große **Krankenhäuser** in Budapest sind im Folgenden aufgelistet.

⊕169 [cg] **Klinik für Unfallchirurgie,** VIII. Fiumei út 17, U-Bahn M2 und M4, Bus 5, 7, 7E, 8E, 108E, 110, 112, 133E und 178 Keleti pályaudvar, Tel. 2997700

⊕170 [dh] **Pál-Heim-Kinderkrankenhaus,** VIII. Üllői út 86, U-Bahn M3 Nagyvárad tér, Tel. 4599100, www.heimpalkorhaz.hu

⊕171 [bi] **St.-Emmerich-Krankenhaus,** XI. Tétényi út 12–16, U-Bahn M4 Bikás park oder Bus 7 Szent Imre Kórház, Tel. 4648600, www.szentimrekorhaz.hu

⊕172 [af] **St.-Johannes-Krankenhaus,** XII. Diós árok 1–3, Straßenbahn 56, 59 und 61 Szent János Kórház, Tel. 4584500, www.janoskorhaz.hu

⊕173 [dh] **St.-Stephans-Krankenhaus,** VIII. Nagyvárad tér 1, U-Bahn M3 Nagyvárad tér, Tel. 4555700, www.istvankorhaz.hu

⊕174 [G7] **Zahnmedizinische Ambulanz,** VIII. Szentkirályi u. 40, U-Bahn M3 und M4, Straßenbahn 47/48/49, Bus 15/115 Kálvin tér oder Bus 9, Obus 83 Szentkirályi utca, Tel. 3176600

Ungarn ist eines der Hauptziele des sogenannten **„Zahntourismus“** in Europa. Selbst in privaten Praxen sind diverse Zahnbehandlungen bei gleicher Qualität deutlich günstiger als in Westeuropa, weshalb viele Patienten einen Aufenthalt im Land mit einer neuen Krone oder einem Implantat verbinden. Unter Umständen übernimmt sogar die heimische Privatversicherung die Kosten, da es auch für sie preisgünstiger ist. Bei der Versicherung erhält man eine Liste der empfohlenen Zahnärzte.

Die **Teréz-Apotheke** ist rund um die Uhr geöffnet. Ansonsten ist am Eingang jeder Apotheke (gyógyszertár, patika) die nächstgelegene Nachtapotheke *(ügyeletes gyógyszertár, ügyelet)* angegeben.

⊕175 [F3] **Teréz Patika,** VI. Teréz krt. 41, U-Bahn M3, Straßenbahn 4/6, Bus 9, 26, 91, 191, 226 und 291, Obus 72 und 73 Nyugati pályaudvar, Tel. 3114439, www.terezpatika.hu, geöffnet: Mo.–So. rund um die Uhr

Mit Kindern unterwegs

Die Ungarn sind generell sehr **kinder- und familienfreundlich.** Wer mit kleinen Kindern unterwegs ist, wird öfters erleben, dass fremde Leute die Kinder ansprechen oder ihnen über den Kopf streicheln. Für junge Ungarinnen und Ungarn ist das Kinderkriegen und die Gründung einer Familie im Allgemeinen keine Frage. Dementsprechend sind Kinder überall gern gesehene Gäste. Die meisten Restau-

061bp Abb.: mt

rants haben Kinderstühle und besondere Speisen für die Kleinen. Einige besonders lohnenswerte Attraktionen für Budapest-Reisende mit Kindern:

› **Ausflug in die Budaer Berge.** Der klassische Familienausflug in die Budaer Berge führt mit der Schwabenbergbahn auf den Széchenyi-Berg, von dort mit der Kindereisenbahn durch den Wald zum János-Berg und dann mit dem Sessellift hinunter (oder umgekehrt). Näheres zu den Verkehrsmitteln siehe S. 120. Auf dem János-Berg kann man auf einen Kaffee und eine Brezel einkehren, es gibt einen schönen Aussichtsturm und einen Spielplatz. Wer danach nicht müde ist, kann mit der Kindereisenbahn oder zu Fuß weiter nach Hűvösvölgy und von dort mit dem Bus 29 in ca. 15 Min. zur Szemlő-hegy-Tropfsteinhöhle (s. S. 110).

★176 [bf] **Margaretheninsel.** Auf der weitläufigen Insel sind für Kinder vor allem das riesige Freibad Palatinus (auf der Westseite der Insel, geöffnet: 1. Juni–31. August tägl. 9–19 Uhr, Eintritt 2 Erwachsene mit 2 Kindern am Wochenende 7900 Ft, diverse weitere Angebote unter: www.palatinusstrand.hu), der kleine Streichelzoo auf der Ostseite sowie eine Spazierfahrt mit dem „Bringóhintó“, einer Art vierrädrigem Fahrrad (mehrere Verleihstellen auf der gesamten Insel) spannend.

› **Park für Eisenbahngeschichte** (s. S. 51). 70.000 m² großes Ausstellungsgelände mit zahlreichen historischen Schienenfahrzeugen.

S177 [ai] **Sommerrodelbahn,** XI. Balatoni út Kilometer 7, Bus 187 Keserűvíztelep Bobpálya (vom Kosztolányi Dezső tér ca. 7 Minuten Fahrzeit, Abfahrt alle 30–40 Minuten), Tel. 3104122, www.bobpalya.hu, geöffnet: ganzjährig bei schönem Wetter von 10–19 Uhr, Ticket für eine Fahrt: 490 Ft (für Kinder von 3–13 Jahren 450 Ft). Ein Spaß für die ganze Familie. Wer mit dem Auto unterwegs ist, kann die Sommerrodelbahn mit dem Besuch des unweit gelegenen Memento Park 37 kombinieren.

› **Tropfsteinhöhlen** (s. S. 110). Für kleine und auch große Entdecker spannend ist eine Erkundungstour durch den „Bauch“ der Budaer Berge.

•178 **Tropicarium,** XXII. Nagytétényi út 37–43 (im Einkaufszentrum Campona), Bus 33 (Abfahrt Móricz Zsigmond körtér), 114, 213, 214 (Abfahrt Kosztolányi Dezső tér) und 133E (Abfahrt Keleti pályaudvar oder Ferenciek tere) Lépcsős utca, Tel. 4243053, www.tropicarium.hu, geöffnet: tägl. 10–20 Uhr, Eintritt: 2700 Ft, von 4–18 und ab 65 Jahren

Budapest bietet ganzjährig tolle Aktivitäten für die Kleinen

2000 Ft, diverse Familientickets. Sehr schöner, privat betriebener Aquazoo mit zahlreichen exotischen Fischarten. Außerdem gibt es auch einige Landreptilien, Vögel und Äffchen zu sehen. Donnerstags zwischen 15 und 16 Uhr werden die sechs großen Haie gefüttert! Das Tropicarium befindet sich im Einkaufszentrum Campona, die Anfahrt aus der Innenstadt dauert rund 25 Minuten. Ein Besuch kann sehr gut mit der Besichtigung des Memento Park 37 verbunden werden. Hierfür vor dem Einkaufszentrum die Buslinie 150 Richtung Újbudaközpont nehmen und bei der Haltestelle Memento Park aussteigen (Fahrzeit ca. 10 Minuten).

•179 [cf] **Zirkus,** XIV. Állatkerti krt. 12/a (im Stadtwäldchen), Obus 72 Állatkert, Tel. 3438300, www.fnc.hu, Vorstellungsbeginn: Mi. 15 Uhr, Do. 14 Uhr, Fr. 15 Uhr, Sa. 11, 15 und 19 Uhr, So. 11 und 15 Uhr, Eintritt: 3500–4500 Ft (von 4–14 Jahren 1500–3500 Ft). Direkt neben dem Zoo steht der einzige feste Zirkusbau Mitteleuropas. Der Budapester Zirkus lockt Kinder und Erwachsene mit einem anspruchsvollen, periodisch wechselnden Programm. Alle zwei Jahre im Winter ist der Zirkus Schauplatz des Internationalen Zirkusfestivals Budapest, einem der weltweit wichtigsten Wettbewerbe für Zirkuskünstler.

•180 [cf] **Zoologischer Garten (Állatkert),** XIV. Állatkerti krt. 6–12 (im Stadtwäldchen), Obus 72 Állatkert, Tel. 2734900, www.zoobudapest.com, geöffnet: Mo.–Do. 9–18.30 Uhr (Apr./Sept. nur bis 17.30 Uhr, März/Okt. nur bis 17 Uhr, Nov.–Febr. nur bis 16 Uhr), Fr.–So. 9–19 Uhr (Apr./Sept. nur bis 18 Uhr, März/Okt. nur bis 17.30 Uhr, Nov./Febr. nur bis 16 Uhr); Einlass bis eine Stunde vor Schließung, Eintritt: 3300 Ft, für Kinder von 2–14 Jahren 2200 Ft, Familienkarte für 2 Erwachsene und 2 Kinder 8000 Ft (weitere Kinder je 2000 Ft). Der Zoo wurde 1866 eröffnet und ist einer der ältesten der Welt. Kinder haben Spaß mit den exotischen Tieren und dem Streichelzoo, Erwachsene können sich an den denkmalgeschützten Jugendstilbauten erfreuen. Sehenswert ist das Elefantenhaus (1912), das einer Moschee ähnelt und dadurch sogar für einen diplomatischen Konflikt zwischen Ungarn und dem Osmanischen Reich sorgte.

Notfälle

Bei Problemen mit Taschendiebstahl, Betrug in Restaurants und Ähnlichem sind die **Info-Punkte des Budapester Tourismusamtes** behilflich (s. S. 104). Sie stellen auch den Kontakt zur **Polizei** her. In der Sommersaison sind zudem verstärkt Polizeibeamte mit Fremdsprachenkenntnissen auf Fußstreife in der Innenstadt unterwegs, die man ansprechen kann. Direkt zu einer Polizeiwache sollte man wegen der langen Wartezeiten und der oft mangelnden Fremdsprachenkenntnisse nicht gehen.

Notrufnummern

- **Polizei:** Tel. 107
- **Ambulanz:** Tel. 104
- **Feuerwehr:** Tel. 105

Kartensperrung

Bei **Verlust der Debit-/Giro-, Kredit- oder SIM-Karte** gibt es für Kartensperrungen eine **deutsche Zentralnummer** (unbedingt vor der Reise klären, ob die eigene Bank bzw. der jeweilige Mobilfunkanbieter diesem Notrufsystem angeschlossen ist). **Aber Achtung:** Mit der telefonischen Sperrung sind die Bezahlkarten zwar für die Bezahlung/Geldabhebung mit der PIN gesperrt, nicht jedoch für das **Lastschriftverfahren mit Unterschrift.** Man sollte daher auf jeden Fall den Verlust zusätzlich **bei der Polizei zur Anzeige bringen,** um gegebenenfalls auftretende Ansprüche zurückweisen zu können.

In **Österreich** und der **Schweiz** gibt es keine zentrale Sperrnummer, daher sollten sich Besitzer von in diesen Ländern ausgestellten Debit- oder Kreditkarten vor der Abreise bei ihrem Kreditinstitut über den zuständigen Sperrnotruf informieren.

Generell sollte man sich immer die **wichtigsten Daten** wie Kartennummer und Ausstellungsdatum **separat notieren,** da diese unter Umständen abgefragt werden.

› **Deutscher Sperrnotruf:** Tel. +49 116116 oder Tel. +49 3040504050
› **Weitere Infos:** www.kartensicherheit.de, www.sperr-notruf.de

Fundsachen

•181 **Fundbüro Flughafen,** Bus 100E und 200E Liszt Ferenc Airport 2, Tel. 2965966, www.bud.hu
•182 [G5] **Fundbüro ÖPNV,** VII. Akácfa u. 18, U-Bahn M2, Straßenbahn 4/6, Bus 5, 7, 7E, 8E, 108E, 110, 112, 133E und 178 Blaha Lujza tér, Tel. 2584636, www.bkv.hu, Mo. 8–20, Di.–Do. 8–17, Fr. 8–15 Uhr

EXTRATIPP

Tropfsteinhöhlen

Durch die unterirdischen Quellen haben sich in den Budaer Bergen zahlreiche Höhlen gebildet. Zwei sind zu besichtigen: Die **Szemlő-hegy-Höhle** ist auf einer Strecke von 250 Metern ausgebaut und kann auch mit Kinderwagen besucht werden. Sie bietet spektakuläre Gesteinsformationen und wird wegen ihrer besonderen Luft auch für Therapiezwecke genutzt. Die Besichtigung dauert ca. 40 Minuten, die Touren starten immer zur vollen Stunde. Nur 800 Meter oberhalb befindet sich die **Pál-völgy-Höhle.** Sie ist mit ihren bis jetzt entdeckten 29 Kilometern die zweitlängste Höhle Ungarns und kann auf einem Teilstück von 500 Metern Länge besichtigt werden. Die Besucher erwarten zauberhaft beleuchtete, uralte Tropfsteine. Der Zutritt ist hier nur für Kinder ab 5 Jahren erlaubt. Die Touren dauern 50 bis 60 Minuten und starten immer 15 Minuten nach der vollen Stunde.

Es gibt auch Kombitickets zum Preis von 3100 Ft (ermäßigt 2500 Ft), mit denen man beide Höhlen besichtigen kann. Es empfiehlt sich **warme Kleidung** und **stabiles Schuhwerk.** Die Strecke zwischen den beiden Höhlen wird am besten zu Fuß zurückgelegt.

★183 [ae] **Szemlő-hegy-Höhle,** II. Pusztaszeri út 35, Anfahrt mit Bus 29 von der HÉV-H5-Station Szépvölgyi út, Fahrzeit ca. 6 Minuten, oder mit Bus 111 vom Batthyány tér, Fahrzeit ca. 20 Minuten, Haltestelle Szemlő-hegyi-barlang, https://szemlo-hegyi-barlang.hu, geöffnet: täglich außer Di. 10–16 Uhr, Eintritt: 1950 Ft, für Kinder und Senioren 1550 Ft
★184 [ae] **Pál-völgy-Höhle,** II. Szépvölgyi út 162, Anfahrt mit Bus 65/65A vom Kolosy tér, Haltestelle Pál-völgyi cseppkőbarlang, Fahrzeit 4 Minuten, www.dunaipoly.hu/en/places/interpretation-sites/pal-volgyi-cave. Der Kolosy tér kann mit den Straßenbahnlinien 17 und 19/41 von der Margarethenbrücke bzw. vom Budaer Donauufer aus sowie mit der Buslinie 9 von Pest aus erreicht werden. Di.–So. 10–16.15 Uhr (Juni–Aug. Sa./So. bis 17 Uhr), Eintritt: 1950 Ft, für Kinder und Senioren 1550 Ft.

Bei allgemeinen Anfragen zu verlorenen Gegenständen kann man einen der Info-Punkte (s. S. 104) des Budapester Tourismusamtes kontaktieren. Im Sommer sind spezielle Fußstreifen der Polizei unterwegs, die man ebenfalls fragen kann.

Öffnungszeiten

Fachgeschäfte in der Innenstadt sind üblicherweise wochentags bis 18 oder 19 Uhr geöffnet, Sa. oft nur bis 13 Uhr. Die Läden in den großen Einkaufszentren sowie Lebensmittelgeschäfte haben zumeist von Montag bis Samstag bis 22 Uhr geöffnet, sonntags bis 18 oder 20 Uhr. Bei Banken sollte man mit Öffnungszeiten von Mo. bis Fr. von 9 Uhr bis 15.30 Uhr rechnen.

Post

Postfilialen erkennt man an grünen Schildern mit der Aufschrift *posta*, **Briefkästen** sind knallrot. Das **Porto** für Postkarten und Standardbriefe (bis 20 Gramm) ins europäische Ausland kostet derzeit 445 Ft mit Luftpost *(elsőbbségi)*. Beide sind etwa 4 bis 5 Werktage unterwegs. Briefmarken erhält man außer in den Postfilialen oft auch an Postkartenständen. Postpakete und Päckchen ins Ausland sind extrem teuer – hier ist Vorsicht geboten. Zentral gelegene Postfilialen in Budapest sind:

- ✉185 [B5] **Post I. Dísz tér** 15 (im Burgviertel), Bus 16 Dísz tér, geöffnet: Mo.–Fr. 8–16 Uhr
- ✉186 [C5] **Post I. Fő u.** 4, Straßenbahn 19/41, Bus 16 und 105 Clark Ádám tér, geöffnet: Mo.–Fr. 8–12 Uhr
- ✉187 [A2] **Post II. Lövőház u.** 1–5 (im Einkaufszentrum Mammut 2, 3. Stock), Straßenbahnlinien 4/6 und 17, Bus 39 Széna tér oder U-Bahn M2, Straßenbahnlinien 56 und 61, Bus 16 Széll Kálmán tér, geöffnet: Mo.–Fr. 8–20 Uhr, Sa. 9–14 Uhr
- ✉188 [E4] **Post V. Bajcsy-Zsilinszky út** 16, Bus 9 Szent István Bazilika oder U-Bahn M1 Bajcsy-Zsilinszky út, geöffnet: Mo.–Fr. 8–20 Uhr
- ✉189 [D5] **Post V. Dorottya u.** 9, U-Bahn M1 Vörösmarty tér, geöffnet: Mo.–Fr. 8–16 Uhr
- ✉190 [F6] **Post V. Múzeum krt.** 31–33, U-Bahn M3 und M4, Straßenbahn 47/48/49, Bus 9, 15 und 115 Kálvin tér, geöffnet: Mo. 9–19 Uhr, Di.–Do. 9–17 Uhr, Fr. 9–15 Uhr
- ✉191 [D2] **Post V. Szalay u.** 10–14, Straßenbahn 2 Szalay utca oder Bus 15/115 Markó utca, geöffnet: Mo.–Fr. 8–15.30 Uhr
- ✉192 [F4] **Post VI. Hegedű u.** 1/a, Obus 70 und 78 Akácfa utca oder Straßenbahn 4/6 Király utca/Erzsébet körút, Mo.–Fr. 8–16 Uhr
- ✉193 [E2] **Post VI. Teréz krt.** 51, U-Bahn M3, Straßenbahn 4/6, Bus 9, 26, 91, 191, 226 und 291, Obus 72 und 73 Nyugati pályaudvar, geöffnet: Mo.–Fr. 7–20 Uhr, Sa. 8–18 Uhr
- ✉194 [dg] **Post VIII. Baross tér** 11/c (im Ostbahnhof, Eingang vom Parkplatz an der Nordseite), U-Bahn M2 und M4, Bus 5, 7, 7E, 8E, 108E, 110, 112, 133E und 178 Keleti pályaudvar, geöffnet: tägl. rund um die Uhr
- ✉195 [F6] **Post VIII. Rákóczi út** 11, U-Bahn M2, Straßenbahn 47/48/49, Bus 5, 7, 8E, 9, 108E, 110, 112, 133E und 178 Astoria, geöffnet: Mo.–Fr. 8–20 Uhr
- ✉196 [F7] **Post IX. Gönczy Pál u.** 2, U-Bahn M4, Straßenbahn 2 und 47/48/49, Bus 15/115 Fővám tér (Bus 15/115 nur in Richtung Boráros tér bedient), geöffnet: Mo.–Fr. 8–19 Uhr

Infos für LGBT+

Leider ist Homosexualität in Ungarn auch im 21. Jahrhundert noch ein kontrovers diskutiertes Thema. Unerträgliche Äußerungen von Politikern der aktuellen Regierungspartei haben in den vergangenen Jahren die Homophobie in der Öffentlichkeit wahrnehmbar steigen lassen. Die Auseinandersetzung beschränkt sich zeitlich auf die im Sommer stattfindende Budapest Pride, die anders als in westeuropäischen Großstädten kein buntes Straßenfest, sondern eine durch und durch politische Demonstration für Gleichberechtigung ist. Ansonsten können sich Homosexuelle jederzeit und auch als Paar problemlos in der Stadt bewegen.

Einige besondere Orte:

- 197 [E3] **Alterego,** VI. Desewffy u. 33, Obus 70 und 78 Zichy Jenő utca, Tel. 705651111, www.alteregoclub.hu, geöffnet: Fr. 22–5, Sa. 22–6 Uhr. Klassische Szenedisko (für Männer) mit verschiedenen Themenpartys und Travestie. Eintritt 1500 Ft (nach Mitternacht 2000 Ft).
- 198 [G5] **Club 93,** VIII. Vas u. 2, Bus 5, 7, 8E, 108E, 110, 112, 133E und 178 Uránia, Tel. 306307093, geöffnet: Mo.–Mi. 11–23, Do.–Sa. 11–24, So. 11–23 Uhr. Gay-freundliche Kneipe und Pizzeria, im Sommer mit kleiner Außenterrasse.
- › **Garçons,** wechselnde Orte, www.garconsbudapest.com. Glamour-Partyreihe für schwule Männer an wechselnden Orten. Infos über die jeweils kommenden Events gibt es auf der Internetseite oder über Facebook.
- › **Hello,** wechselnde Orte, www.facebook.com/hellopartybp. Monatliche Trash-Pop-Partyreihe an wechselnden Orten, zumeist jedoch im Kino Toldi an der Bajcsy-Zsilinszky út [E2–5] in der Nähe der St.-Stephans-Basilika 25.
- 199 [E7] **Why Not Bistro** €€, V. Belgrád rakpart 18, Straßenbahn 2, Bus 8E, 15, 108E, 110, 112, 115, 133E und 178 Március 15. tér (auf Linie 15/115 nur in Richtung Boráros tér bedient), Tel. 705790719, www.whynotbistro.hu, geöffnet: tägl. 12–24 Uhr. Sehr gutes, entspanntes Restaurant von den Machern des Why Not Café & Bar (siehe unten).
- 200 [E7] **Why Not Café & Bar,** V. Belgrád rakpart 3–4, U-Bahn M4, Straßenbahn 2 und 47/48/49, Bus 15/115 (nur in Richtung Boráros tér bedient) Fővám tér, Tel. 7804545, www.whynotcafe.hu, geöffnet: tägl. 10–5 Uhr. Diese traditionsreiche Bar bei der Großen Markthalle 18 ist für viele schwule Besucher die erste Anlaufstelle in Budapest. Neben der toleranten Stimmung und der tollen Location am Donauufer spielen hier vermutlich auch die gastfreundlichen Öffnungszeiten eine Rolle. Sehr beliebt sind die Karaoke-Abende.

112bp Abb.: fo© AnderArrieta

049bp Abb.: mt

Radfahren

Fahrradfahren ist in Budapest nicht nur eine Fortbewegungsart, sondern auch eine **politische Aussage:** für mehr Grün und bessere Luft, für weniger Autos und Smog. Während bis vor 15 Jahren praktisch niemand mit dem Rad fuhr, schwingen sich heute immer mehr Budapester auf ihren Drahtesel.

Ortsunkundige Besucher sollten allerdings beachten, dass **aggressive Autofahrer** und ein **lückenhaftes Radwegenetz** die Erkundung Budapests nur für absolute Aficionados zu einem Vergnügen machen.

Die Preise für ein Leihfahrrad variieren zwischen 3200 und 4500 Ft für 24 Stunden. Auch E-Bikes werden angeboten. Bei den im Folgenden genannten Anbietern können auch organisierte Fahrradstadtführungen gebucht werden. Das komplizierte städtische Fahrradleihsystem MOL Bubi mit seinen knallgrünen, schwerfälligen Rädern ist nicht zu empfehlen.

- **201** [E7] **I bike Budapest,** V. Veres Pálné u. 40, U-Bahn M4, Straßenbahn 2 und 47/48/49, Bus 15/115 (nur in Richtung Boráros tér bedient) Fővám tér, Tel. 705884068, www.ibikebudapest.com, geöffnet: tägl. 10–18 Uhr
- **202** [E4] **Yellow Zebra Bikes,** VI. Lázár u. 16, U-Bahn M1, Bus 105 Opera, Tel. 2693843, www.yellowzebrabudapest.com, geöffnet: April–Oktober: tägl. 9.30–20.30 Uhr, November–März: tägl. 9–19 Uhr

Radfahren wird in Budapest immer beliebter

Sicherheit

Budapest ist eine **rundum sichere Großstadt**, in der sich auch Einzelreisende zu jeder Tages- und Nachtzeit frei bewegen können, ohne Angst haben zu müssen. Die häufigsten Delikte, deren Opfer ausländische Besucher werden, sind Taschendiebstahl oder Betrug in Geschäften und Restaurants. Autofahrer sollten außerdem beim Abstellen ihres Fahrzeugs keine Wertsachen sichtbar im Innenraum liegenlassen.

Gegen **Taschendiebe** hilft umsichtiges Verhalten, insbesondere in Menschenmengen und öffentlichen Verkehrsmitteln. Taschen sollte man immer schließen und im Sichtfeld tragen. In den vor allem von Touristen genutzten ÖPNV-Linien (Straßenbahn 2 und Bus 16) sind ab und zu Betrüger unterwegs, die sich als Kontrolleure ausgeben und von Fahrgästen ohne Ticket Bußgelder in bar verlangen. Im Zweifel den Dienstausweis zeigen lassen und statt Barzahlung einen Überweisungsträger verlangen, den die **falschen Kontrolleure** natürlich nicht dabei haben. In **Geschäften**, die vor allem Touristen bedienen, wird hin und wieder mit dem Wechselgeld getrickst, und private Taxifahrer versuchen öfters, den Fahrgästen alte ausländische Geldscheine anzudrehen. Hier muss man wachsam sein, sich Zeit für das Nachzählen nehmen und in Geschäften die Quittung genau prüfen. Unter den Gastronomen gibt es leider einige, die mit billigen Methoden versuchen, Touristen übers Ohr zu hauen.

Einzeln oder in Gruppen reisende Herren sollten sich vor den sogenannten **„Konsumdamen"** in Acht nehmen. Das sind attraktive junge Frauen, die einen auf der Straße ansprechen und sich auf einen Drink in eine Bar „um die Ecke" einladen lassen. Die anschließende Rechnung für das gemeinsame Vergnügen (diese Masche steht übrigens nicht zwangsweise in Zusammenhang mit Prostitution) beträgt nicht selten mehrere Hundert oder gar Tausend Euro, die in Anbetracht der männlichen Kollegen dieser Damen dann in der Regel auch gezahlt werden. Hier ist wirklich Vorsicht geboten!

Die **Drogengesetzgebung** Ungarns ist sehr streng. Schon der Besitz von geringen Mengen sogenannter „weicher" Drogen ist verboten. Der Besitz größerer Mengen sowie der Verkauf können schwere Gefängnisstrafen nach sich ziehen. Folglich sind Drogenkonsumenten im öffentlichen Raum in Ungarn ein eher seltener Anblick und auch als Besucher sollte man sich auf diese Gepflogenheiten einstellen.

Sprachanfänger kann sogar das Entziffern ungarischer Straßenschilder vor Herausforderungen stellen

Sprache

Ungarisch gehört zur finno-ugrischen Sprachfamilie und ist somit in Europa nur mit Finnisch und Estnisch entfernt verwandt, wobei eine gegenseitige Verständigung nicht möglich ist. Ausländische Besucher werden sich schwertun, überhaupt Worte zu erkennen, die sie aus anderen Sprachen ableiten könnten. Nur gut, dass man in Budapest praktisch überall mit **Englisch** oder **Deutsch** durchkommt. Die meisten Budapester sprechen eine der beiden Sprachen, seltener beide, deswegen – und aus Höflichkeit – sollte man fragen, bevor man jemanden in einer Fremdsprache anspricht. **Mit Russisch** sollte man sich dagegen **zurückhalten**. Fast alle Ungarn haben die Sprache des gar nicht freundlichen „Großen Bruders" nach der Wende blitzschnell vergessen, obwohl sie bis 1989 Pflichtfach in den Schulen war.

Wer sich trotz der Schwierigkeiten an der ungarischen Sprache versuchen möchte, ist hierzu herzlich eingeladen. Er wird bei den Einheimischen Bewunderung und unter Umständen ein wohlwollend-schmunzelndes Kopfschütteln ob des extrem schwierig scheinenden Unterfangens ernten. Eine kleine Sprachhilfe findet sich im Anhang ab S. 128.

062bp Abb.: gk

Stadttouren

› **Dunayacht,** Tel. 305395057, www.dunayacht.com. Einstündige Schiffstouren durch die Stadt. Abfahrt von April bis Oktober immer zur vollen Stunde von 10 bis 20 Uhr, die letzten Abfahrten sind um 21.30 und 22.30 Uhr. Von November bis März Fahrten um 13, 14.30, 17 und 18.30 Uhr. Preis: 2500 Ft, für Schüler und Studenten 2100 Ft. Während der Fahrt Kommentar auf Englisch und Deutsch. Abfahrt von der Pester Seite der Elisabethbrücke [D6], Anleger 10.
› **Giraffe,** Tel. 3276690, www.hoponhopoff.hu. Hop-on-hop-off-Touren auf zwei verschiedenen Bus- und einer Bootsroute. Zahlreiche Einstiegsstellen im gesamten Stadtzentrum, zum Beispiel am Deák Ferenc tér oder im Burgviertel vor dem Café Korona (s. S. 65). Preisbeispiele: 6000 Ft für 24 Stunden. Fahrkarten können an den Ständen des Anbieters an den Zustiegsstellen gekauft werden. Außerdem gibt es ein breites Angebot an diversen Stadtführungen und Touren in die Umgebung.
› **Legenda,** Tel. 3172203, www.legenda.hu. Verschiedene Schifffahrten von der einstündigen Stadtrundfahrt bis zum Candle-Light-Dinner. Preisbeispiel: Einstündige Stadtrundfahrt 4200 Ft. Abfahrt auf Höhe Vigadó tér [D5], Anleger 7.

- **Mahart,** Tel. 4844013, www.mahartpassnave.hu. Stadtrundfahrten und diverse andere Touren per Schiff. Abfahrt immer zur vollen Stunde ab Vigadó tér [D5], Anleger 5. Preisbeispiel: 3500 Ft, für Schüler und Studenten 3000 Ft.
- **Programcentrum,** Tel. 3177767, www.programcentrum.hu. Hop-on-hop-off-Touren auf zwei verschiedenen Busrouten mit Einstiegsstellen in der gesamten Innenstadt, zum Beispiel Deák Ferenc tér oder im Burgviertel vor dem Café Korona (s. S. 65). Dazu zahlreiche weitere Möglichkeiten für Stadttouren. Preisbeispiel: Hop-on-hop-off-Tour 7900 Ft für 24 Stunden. Fahrkarten können an den Ständen des Anbieters an den Zustiegsstellen gekauft werden. Außerdem gibt es ein breites Angebot an diversen Stadtführungen und Touren in die Umgebung.
- **Sweet Travel,** Tel. 203286031, www.sweettravel.hu. Private Touren per Pkw, Oldtimer oder zu Fuß.

Telefonieren

Budapester **Festnetznummern** haben die **Ortsvorwahl 1, Handynummern** die Vorwahlen 20, 30, 31 oder 70. Bei **Telefonaten im Inland** muss zunächst die 06 gewählt werden, anschließend die Ortsvorwahl und dann die Rufnummer. Im Roamingbetrieb funktioniert dies manchmal nicht; in einem solchen Fall ist es am besten, statt der 06 die internationale Vorwahl Ungarns 0036 zu wählen. In diesem Buch sind Budapester Festnetznummern stets ohne, Handynummern hingegen mit Vorwahl angegeben.

Die Ungarn sind **absolute Handy-Fans.** Praktisch alle Einwohner des Landes besitzen mindestens ein Mobiltelefon, einen Festnetzanschluss hat kaum noch jemand.

062bp Abb.: mt

Seit dem Siegeszug der Handys telefonieren die meisten Ungarn „open air"

Seit Mitte 2017 gibt es **in der EU keine Roaminggebühren mehr.** Damit wird das Telefonieren und Surfen mit dem Handy im EU-Ausland so günstig wie zu Hause – es sei denn, man nutzt das Handy im Ausland über einen längeren Zeitraum hinweg, dann können je nach Anbieter Nutzungsobergrenzen gelten.

Schweizer Mobilfunkkunden sollten sich bei ihrem Provider nach den Roamingtarifen erkundigen, um keine unliebsamen Überraschungen zu erleben.

Ländervorwahlen

- **Ungarn:** 0036
- **Deutschland:** 0049
- **Österreich:** 0043
- **Schweiz:** 0041

Uhrzeit

Ungarn befindet sich in derselben Zeitzone wie die deutschsprachigen Länder. Auch die Umstellung auf Sommer- beziehungsweise Winterzeit erfolgt am selben Tag.

Unterkunft

Hotels

Seit einigen Jahren werden in Budapest immer mehr neue Hotels insbesondere der oberen Qualitätskategorien eröffnet. Diese Entwicklung hat den angenehmen Effekt, dass man für deutlich weniger Geld in der 4- und 5-Sterne-Kategorie übernachten kann als in anderen europäischen Metropolen. **Preislich** unterscheiden die Hotels zwischen der **Hauptsaison** von Ostern bis Ende August und um Weihnachten herum sowie der **Nebensaison.** Teurere Sonderpreise gelten am Formel-1-Wochenende und während des Sziget-Festivals im August sowie an Silvester. Hotelzimmerpreise werden grundsätzlich in **Euro** angegeben und berechnet.

Jeder der 23 Stadtbezirke kann eine individuelle **Übernachtungsabgabe** erheben, die aber mit durchschnittlich 1,50 € nicht sehr ins Gewicht fällt.

Bei der Buchung über kommerzielle **Reservierungssysteme** wie etwa www.hrs.de, www.booking.com oder www.inthotels.com bzw. ihre ungarischen Pendants www.budapesthotelreservation.hu und www.budapesthotelstart.com können teilweise extrem günstige Preise erzielt werden. Aber es lohnt sich auch der Blick auf die Internetseiten der Hotels, wo oft Last-Minute-, Wochenend- und ähnliche Aktionen angeboten werden. Alle gängigen **Hotelketten** sind auch in Budapest präsent und im Internet leicht aufzufinden. Die folgende Auswahl konzentriert sich deshalb auf besondere, individuelle Unterkunftsmöglichkeiten.

203 [cf] **Andrássy** €€, VI. Andrássy út 111, U-Bahn M3, Bus 105 Bajza utca, Tel. 4622100, www.mamaison.com/budapest-andrassy-hotel-andrassy.html. **Architektonisches Schmuckstück:** edles Boutiquehotel in einem der seltenen Bauhaus-Gebäude der Stadt. Direkt auf der Andrássy út, nur wenige Schritte vom Heldenplatz entfernt.

204 [ch] **Bo18** €, VIII. Vajdahunyad u. 18, U-Bahn M3, Straßenbahn 4/6 Corvin-negyed, Tel. 4683526, www.bo18hotel.hu. **Preisgünstig in Zentrumsnähe:** neues, freundliches und sehr preisgünstiges 3-Sterne-Superior-Hotel im legendären VIII. Bezirk. Von den Zimmern zur Straßenseite hin sieht man auf der gegenüberliegenden Fassade Einschusslöcher aus der Zeit der Revolution von 1956. Wer es friedlicher mag, nimmt ein Zimmer mit Fenstern zum begrünten Innenhof.

205 [F6] **Brody House** €€, VIII. Bródy Sándor u. 10, U-Bahn M3 und M4, Straßenbahn 47/48/49, Bus 9, 15 und 115 Kálvin tér, Tel. 2661211, www.brody.land. **Individuell und alternativ:** Acht von Künstlern designte Zimmer in einem ehemaligen Herrensitz mitten im Palaisviertel.

206 [A4] **Buda Castle Fashion Hotel** €€€, I. Úri u. 39, Bus 16 Szentháromság tér, www.budacastlehotelbudapest.com, Tel. 2247900. **Modernes Haus in alter Umgebung:** spektakuläres 4-Sterne-Superior-Hotel in einem historischen Haus des Burgviertels. Edle Einrichtung, toller Innenhof.

207 [B4] **Burg** €€, I. Szentháromság tér 7–8, Bus 16 Szentháromság tér, Tel.

2123970, www.burghotelbudapest.hu. **Günstig im Burgviertel:** etwas biederes Hotel der Kategorie 3 Sterne Superior. Absoluter Pluspunkt ist aber die Lage gegenüber der Matthiaskirche im Burgviertel. Für Gäste, die Schwierigkeiten mit dem Gehen und/oder schweres Gepäck haben, eher nicht zu empfehlen, da es für die (wenigen) Treppen keinen Aufzug gibt.

208 [A3] **Castle Garden** €€, I. Lovas út 41, Bus 16 Mátray utca, Tel. 2247420, www.castlegarden.hu. **Direkt unterhalb des Burgviertels:** Architektonisch ansprechendes, freundliches Hotel direkt unterhalb des Burgviertels am Wiener Tor.

209 [E7] **Cosmo** €€, V. Váci u. 77, U-Bahn M4, Straßenbahn 2 und 47/48/49, Bus 15/115 Fővám tér (auf Buslinie 15/115 nur in Richtung Boráros tér bedient), Tel. 7990077, www.cosmohotel.hu. **Mitten im Trubel:** trendig eingerichtetes 4-Sterne-Haus mitten an der Váci utca in der Nähe der Großen Markthalle. Ruhig durch die Lage in der Fußgängerzone.

210 [E7] **Estilo** €€, V. Váci u. 83, U-Bahn M4, Straßenbahn 2 und 47/48/49, Bus 15/115 Fővám tér (auf Buslinie 15/115 nur in Richtung Boráros tér bedient), Tel. 7997170, www.estilohotelbudapest.com. **Markthalle in Sicht:** gemütliches Business-Hotel an der Váci utca in der Nähe der Großen Markthalle. Ruhige Lage.

211 [D4] **Four Seasons Gresham Palace** €€€€, V. Széchenyi István tér 5–6, Straßenbahn 2, Bus 16 und 105 Széchenyi István tér, Tel. 2686000, www.fourseasons.com/budapest. **Sogar ohne Übernachtung sehenswert:** 5-Sterne-Hotel in einem der bedeutendsten Jugendstilgebäude der Stadt. Toplage zwischen St.-Stephans-Basilika und Kettenbrücke mit Blick auf das Burgviertel.

› **Gerlóczy** €€ (s. S. 65), Tel. 5014000, www.gerloczy.hu. **Exklusiv und erschwinglich:** tolle Zimmer mit individuellen Designmöbeln über dem gleichnamigen Café. Sehr ruhig.

212 [C5] **Lánchíd 19** €€€, I. Lánchíd u. 19, Straßenbahn 19/41, Bus 16 und 105 Clark Ádám tér, Tel. 4191900, www.lanchid19hotel.hu. **Gläserne Fassade:** Das Hotel wurde komplett von ungarischen Designern entworfen. In der Lobby geben Glaswände den Blick auf Mauern aus der Renaissancezeit im Innenhof frei. Die 45 Zimmer und 3 Suiten sind jeweils unterschiedlich eingerichtet.

213 [E2] **Marmara** €€, V. Nagy Ignác u. 21, U-Bahn M3, Straßenbahn 4/6, Bus

EXTRAINFO

Buchungsportale

Neben Buchungsportalen für **Hotels** (z. B. www.booking.com, www.hrs.de oder www.trivago.de) bzw. für **Hostels** (z. B. www.hostelworld.de oder www.hostelbookers.de) gibt es auch Anbieter, bei denen man **Privatunterkünfte** buchen kann. Portale wie www.airbnb.de, www.wimdu.de oder www.9flats.com vermitteln Wohnungen, Zimmer oder auch nur einen Schlafplatz auf einer Couch. Diese oft recht günstigen Übernachtungsmöglichkeiten sind nicht unumstritten, weil manchmal normale Wohnungen gewerblich missbraucht werden. Einige Städte greifen deshalb regulierend ein.

Preiskategorien

Annährerungswert für den Preis eines DZ pro Nacht inkl. Frühstück in der Hauptsaison.

€	bis 60 €
€€	60–120 €
€€€	120–170 €
€€€€	über 170 €

9, 26, 91, 191, 226 und 291, Obus 72 und 73 Nyugati pályaudvar, Tel. 5019100, www.marmara.hu. **West-östlicher Diwan:** modernes 4-Sterne-Haus in einem etwas seltsamen pseudo-orientalischen Stil. Sehr komfortabel und zentral in einer ruhigen Nebenstraße am Westbahnhof gelegen.

214 [D6] **Mercure Budapest City Center** €€, V. Váci u. 22, Bus 15/115 Szervita tér (nur in Richtung Gyöngyösi utca/Árpád hid bedient) bzw. Petőfi tér (nur in Richtung Boráros tér bedient), www.mercure.com, Tel. 7994444. **Preiswert in der Fußgängerzone:** solides Mittelklassehotel im Gewusel der Váci utca. Sehr zentral.

215 [G7] **Palazzo Zichy** €€€, VIII. Lőrinc pap tér 2, Straßenbahn 4/6, Bus 9, Obus 83 Harminckettesek tere, Tel. 2354000, www.hotel-palazzo-zichy.hu. **Ein Palais mit moderner Einrichtung:** architektonisch ansprechendes 4-Sterne-Haus im ehemaligen Stadtpalais des Grafen Nándor Zichy. Das alte Gebäude wurde wunderschön renoviert und durch ein zeitgemäßes Interieur mit edlen Materialien komplettiert. Auf dem kleinen Platz vor dem Hotel steht eine Statue des ehemaligen Hausherrn, der sich um die Jahrhundertwende herum für die Ansiedlung katholischer Institutionen in den benachbarten Gassen stark gemacht hat.

216 [E3] **Star Inn** €€, VI. Desewffy u. 36, Obus 70 und 78 Zichy Jenő utca, Tel. 4722020, www.starinnhotels.com. **Tipp für Familien:** sehr preisgünstiges 3-Sterne-Hotel in unmittelbarer Nähe von Oktogon und Staatsoper.

052bp Abb.: mt

Unterkunft vom Feinsten: das Four Seasons direkt an der Kettenbrücke

Hostels und Apartmenthäuser

In den typischen Pester Mietshäusern werden sehr viele Altbauwohnungen als **Hostels** und **Gästezimmer** genutzt. Die Buchung erfolgt am besten über Internetportale wie www.hostels.com oder www.hostelworld.com, wo ein breites Angebot zur Auswahl steht. Neben den üblichen Schlafsälen bieten fast alle Hostels Einzel- und Doppelzimmer an. Zu warnen ist allerdings vor Herbergen, die an **Abbruchklubs** wie das Grandio gekoppelt sind – hier dauert die Party bis zum nächsten Morgen, man wird keine Minute Schlaf finden. **Apart-**

ments, die man oft schon ab einer Nacht buchen kann, sind ebenfalls eine preisgünstige Alternative. Unter www.9flats.com und www.airbnb.com findet sich eine große Auswahl. Einige Tipps:

- **217** [G5] **Agape Guesthouse,** VII. Akácfa u. 12–14, U-Bahn M2, Straßenbahn 4/6, Bus 5, 7, 7E, 8E, 108E, 110, 112, 133E und 178, Obus 74 Blaha Lujza tér, Tel. 3174833, www.agapeguesthouse.eu, ab 34 € für ein DZ. **Supergünstig im Zentrum:** Mitten im historischen jüdischen Viertel vermietet Agape modern-schlicht eingerichtete Ferienwohnungen schon ab einer Nacht. Die Wohnungen liegen in einem schmucklosen Neubaublock, sind aber preislich unschlagbar, sehr zentral gelegen und komfortabel.
- **218** [E6] **Ginkgo Hostel,** V. Szép u. 5, U-Bahn M3 und M4, Bus 5, 7, 8E, 15/115, 108E, 110, 112, 133E und 178 Ferenciek tere (Bus 15/115 wird nur in Richtung Gyöngyösi utca/Árpád híd bedient), Tel. 2666107, www.ginkgo.hu, ab 44 € für ein DZ. **Einfach und sauber:** Typisches Altbauhostel mitten in der Innenstadt. Besonders für junge Leute zu empfehlen. Kinderfreundliche Einrichtung.
- **219** [F7] **Lavender Circus,** V. Múzeum krt. 37, U-Bahn M3, Straßenbahn 47/48/49, Bus 9 und 15/115 Kálvin tér, Tel. 704177763, www.lavendercircus.com, ab 36 € für ein DZ. **Schöner Innenhof:** fantasievoll eingerichtete Altbaupension in einem schön renovierten Gebäude direkt gegenüber dem Nationalmuseum.
- **220** [ch] **Prater Residence,** VIII. Práter u. 24, U-Bahn M3, Straßenbahn 4/6 Corvin-negyed, Tel. 7899608, www.praterresidence.com, ab 49 € für ein DZ. **Ideal für Familien und Gruppen:** moderne, schnörkellos eingerichtete Apartments für bis zu 6 Personen.

Verhaltenstipps

Die Ungarn sind im Allgemeinen sehr höflich, aber **ernsthaft**. Insofern sollte man eine gewisse **Distanziertheit** nicht als Unfreundlichkeit werten. Dies gilt auch für Angestellte von Geschäften, Restaurants und anderen Dienstleistungsbetrieben: Die Kundenfreundlichkeit wird in Ungarn nicht anhand der Breite des Lächelns gemessen.

Körperliche Nähe wird dagegen nicht gescheut. In Menschenmengen oder bei Warteschlangen wird deutlich weniger Abstand zu den Nebenleuten gehalten als in den deutschsprachigen Ländern üblich. In öffentlichen Verkehrsmitteln kann man sich aber auch hier mit einem großen Rucksack auf dem Rücken sehr schnell sehr unbeliebt machen. Besser ist es, das Gepäckstück zwischen die Füße auf den Boden zu stellen – das hilft übrigens auch gegen Taschendiebstahl.

Wer der ungarischen Sprache nicht mächtig ist, sollte sich nach den **Sprachkenntnissen** des Gegenübers erkundigen, bevor er jemanden in einer Fremdsprache wie etwa Deutsch oder Englisch anspricht.

Verkehrsmittel

Die **Budapester Verkehrsbetriebe BKK** (https://bkk.hu) betreiben ein ausgedehntes, engmaschiges Nahverkehrsnetz aus U-Bahnen, Bussen, Straßenbahnen und Oberleitungsbussen, mit denen sich die Stadt hervorragend erkunden lässt. Sämtliche Linien verkehren tagsüber alle paar Minuten, auch abends und am Wochenende muss man nie länger als 8 bis 10 Minuten warten.

U-Bahn

Die vier Budapester U-Bahn-Linien sind offiziell M1, M2, M3 und M4 benannt, aber kein Budapester kennt sie unter diesen Bezeichnungen.

Die **Linie M1** (im Sprachgebrauch *kisföldalatti*) fährt vom Vörösmarty tér zum Heldenplatz hinaus und war bei ihrer Inbetriebnahme 1896 die erste elektrische U-Bahn des europäischen Kontinents. Bis heute ist die kleine **Unterpflasterbahn** ein beliebtes Alltagsverkehrsmittel und zudem sehr sehenswert.

Die in den 1970er-Jahren erbauten Linien **M2** und **M3** (im Sprachgebrauch *metró*) durchqueren die Stadt von Westen nach Osten beziehungsweise von Norden nach Süden und werden von den Budapestern nach ihren Farben auf dem Fahrplan unterschieden: *Piros* (rot, M2) beziehungsweise *kék* (blau, M3). Die rote und die blaue *metró* sowie die *kisföldalatti* haben ihren einzigen Knotenpunkt am Deák Ferenc tér [E5], wo man Gelegenheit hat, zwischen den Linien umzusteigen.

Die U-Bahn-Linie **M4** (im Sprachgebrauch *négyes metró*, also „Metro 4") verbindet Süd-Buda mit dem Stadtzentrum. Umsteigepunkt zur blauen Linie ist die Haltestelle Kálvin tér [F7] und zur roten Linie Keleti pályaudvar [cg]. Die Linie wurde 2014 eröffnet, die Stationen am Szent Gellért tér [E8] und am Fővám tér [E7] wurden mit internationalen Architekturpreisen ausgezeichnet.

Die *metró* ist das schnellste und effizienteste Verkehrsmittel in Budapest, besonders für Strecken ab drei Haltestellen.

Die drei älteren Linien sind nur über Treppenstufen zugänglich, lediglich die Linie M4 ist **barrierefrei**.

Bus (Busz)

Die für Touristen nützlichsten Buslinien sind 16, 7 sowie 15/115. **Linie 16** verbindet die Verkehrsknotenpunkte Deák Ferenc tér ([E5], in Pest) und Széll Kálmán tér ([A3], in Buda) mit dem Burgviertel und ist besonders empfehlenswert, wenn man sich den steilen Aufstieg zu Matthiaskirche und Fischerbastei ersparen will. Oben angekommen, durchqueren die kleinen, häufig überfüllten Midibusse (auf Taschendiebe achten!) das Burgviertel in Längsrichtung. Busse mit der Nummerierung 16A und 116 verkehren nur zwischen dem Széll Kálmán tér und dem Burgviertel, fahren jedoch nicht auf die Pester Seite hinunter.

Die **Linie 7** verkehrt zwischen dem südlichen Buda und den östlichen Pester Außenbezirken. Die Busse überqueren von Buda kommend die Donau auf der Elisabethbrücke [D6] und durchfahren dann die Hauptverkehrsachse der Innenstadt in Richtung Ostbahnhof ㉟.

Die **Linie 15/115** durchquert die Innenstadt auf einem Rundkurs in Nord-Süd-Richtung und ist besonders für Fahrtziele um das Parlament herum empfehlenswert. In Richtung Boráros tér hält die Linie direkt an der Großen Markthalle.

Weitere für Touristen wichtige Linien sind der Flughafenbus 100E (s. S. 98) und die Linie 9, welche die Pester Innenstadt auf dem Kleinen Ring umrundet und eine Alternative für alle darstellt, die Schwierigkeiten mit den hohen Treppenstufen der Straßenbahnen haben. Auf einigen Buslinien muss man durch die vordere Tür einsteigen und dem Fahrer seinen Fahrschein vorweisen.

053bp Abb.: mt

Straßenbahn (Villamos)

Die wichtigsten Straßenbahnlinien für Budapest-Besucher sind die 2, die 4/6, die 19/41 und die 47/48/49. Bei den mit Schrägstrich aufgeführten „Doppel-Linien" unterscheiden sich lediglich die Endhaltestellen am Stadtrand, in dem für Touristen relevanten Bereich der Stadt fahren sie dieselbe Route.

Die **Straßenbahnlinie 2** fährt am Pester Donauufer entlang und bietet die schnellste Verbindung zwischen den Sehenswürdigkeiten der Innenstadt. Während man an der Großen Markthalle, der Kettenbrücke und dem Parlament vorbeizuckelt, genießt man zur anderen Seite das Panorama des Burgviertels. Diese Strecke nimmt es mit jeder Stadtrundfahrt auf!

Das Pendant der 2 auf Budaer Seite ist die **Linie 19/41**. Von Süd-Buda kommend, passiert die Tram das altehrwürdige Hotel Gellért, das Rudas-Bad mit seiner türkischen Kuppel und die Kettenbrücke, bevor sie am Batthyány tér direkt gegenüber dem Parlament 29 endet.

Die für die Einheimischen wohl wichtigste Straßenbahnlinie ist die Linie **4/6**, die vom Széll Kálmán tér ausgehend die Margarethenbrücke überquert und dann den gesamten Großen Ring entlangfährt. Die **Linie 47/48/49**

Die Linie 2 gilt als eine der schönsten Straßenbahnlinien der Welt

überquert die Donau auf der Freiheitsbrücke, hält direkt vor der Großen Markthalle und fährt dann auf dem Kleinen Ring am Nationalmuseum vorbei bis zum Deák Ferenc tér [E5].

Obus (Troli)

Die **Oberleitungsbusse** verkehren in den Nebenstraßen des Pester Stadtzentrums und bieten interessante Ausblicke abseits der Hauptverkehrsachsen. Die erste Linie, die 70, nahm 1949 an Stalins 70. Geburtstag den Verkehr auf.

S-Bahn (HÉV)

Die HÉV genannten S-Bahn-Linien verbinden einige Vororte mit der Innenstadt. Für Besucher relevant sind die **Linie H8** nach Gödöllő sowie die **Linie H5**, mit der vom zentral gelegenen Batthyány tér [C3] aus das Römermuseum Aquincum (s. S. 50) und Szentendre 39 angesteuert werden können. Die Bahnen fahren tagsüber alle 15 oder 30 Minuten. Für Ziele jenseits der Stadtgrenze (zum Beispiel Gödöllő 38 oder Szentendre) wird ein **Zusatzfahrschein** benötigt, den man an den Schaltern der HÉV-Stationen oder am Automaten erhält.

Andere Verkehrsmittel

Budapest hat neben den oben aufgeführten noch einige andere, eher ungewöhnliche Verkehrsmittel zu bieten. Besonders prominent ist die **Standseilbahn** 6, die von der Budaer Seite der Kettenbrücke ins Burgviertel hochfährt. Obwohl die 1870 eröffnete Bahn den Budapester Verkehrsbetrieben gehört, muss in der Station ein gesonderter Fahrschein gelöst werden. Eine einfache Fahrt kostet 1200, hin und zurück 1800 Ft (für Kinder von 3 bis 14 Jahren 700/1100 Ft).

Eine größere Höhendistanz bewältigt der **Sessellift** *(libegő)*. Am nördlichen Stadtrand fährt sie auf den höchsten Punkt Budapests, den János(Johannes)-Berg (527 m). Auch hier muss ein gesonderter Fahrschein gelöst werden. Eine einfache Fahrt kostet 1200 Ft, hin und zurück 1600 Ft (für Kinder und Jugendliche von 3 bis 18 Jahren 600/800 Ft). Die Talstation der Seilbahn kann mit der Buslinie 291 vom Westbahnhof erreicht werden. Die Anfahrt dauert rund 25 Minuten. Oben kann man den Rundblick vom Aussichtsturm und einen Kaffee auf der Terrasse genießen.

Der János-Berg kann auch mit der **Kindereisenbahn** *(gyermekvasút)* erreicht werden. Auf dieser 1948 eröffneten Schmalspurbahn leisten Kinder im Alter von 10 bis 14 Jahren Dienst als Eisenbahner (lediglich die Lokführer und die Stationsvorsteher sind Erwachsene). Das prestigeträchtige Hobby, für das die Kinder ein strenges Auswahlverfahren durchlaufen müssen, dient auch als Vorbereitung für eine Karriere bei den Ungarischen Staatsbahnen. Die kleine Bahn schlängelt sich in rund 40 Minuten vom Széchenyi-Berg durch eine sehenswerte Waldlandschaft nach Hűvösvölgy. Die Anfahrt zur Kindereisenbahn erfolgt mit dem Sessellift (s. o.) zur Zwischenstation János-hegy, mit der Straßenbahn 56 oder 61 vom Széll Kálmán tér zur Endstation Hűvösvölgy oder aber mit der Zahnradbahn. Eine einfache Fahrt kostet 800 Ft, für Kinder und Jugendliche zwischen 6 und 18 Jahren 400 Ft. Fahrpläne und Infos gibt es unter www.gyermekvasut.hu.

Die **Zahnradbahn** *(fogaskerekű)* fährt aus dem Városmajor-Park los, der zwei Straßenbahnhaltestellen vom Széll Kálmán tér [A3] entfernt ist (Linien 59 bzw. 56 und 61 Richtung Szent János Kórház bzw. Hűvösvölgy). Die Bahn wurde 1874 vom Unternehmen des Schweizer Bergbahnpioniers Niklaus Riggenbach als zweite Zahnradbahn in Europa (nach der Vitznau-Rigi-Bahn bei Luzern) errichtet und trägt heute die Liniennummer 60. Als einziges der hier aufgeführten Verkehrsmittel kann sie mit einem gewöhnlichen BKK-Fahrschein genutzt werden. Bei der Station Svábhegy kann man eine Pause im gegenüber gelegenen Café Szépkilátás (XII. Szépkilátás u. 1, Tel. 3917740, geöffnet: tägl. 9–19 Uhr, im Sommer bis 20 Uhr) einlegen, die Endstation lockt mit beschaulichen Wanderwegen und dem Abfahrtsbahnhof der Kindereisenbahn (siehe oben).

Die BKK bieten auch eine fahrplanmäßige **Schiffslinie** auf der Donau an. Die Schiffe fahren zwischen Óbuda und der Rákóczi-Brücke und zurück etwa einmal stündlich im Zickzackkurs. In der Hauptsaison sind die Schiffe oft überfüllt. Um überhaupt einen Platz zu bekommen, empfiehlt es sich, am nördlichen bzw. südlichen Ende der Schiffslinie einzusteigen, zum Beispiel am Boráros tér [F/G9] oder am Jászai Mari tér [D1]. Dafür ist das Vergnügen sehr preiswert: Eine Fahrt kostet 750 Ft (Tickets sind nur auf dem Schiff erhältlich), von Montag bis Freitag gelten sogar die normalen Zeitkarten.

Nachtverkehr

Die einzige ÖPNV-Linie, die rund um die Uhr fährt, ist die Straßenbahn 6 auf dem Großen Ring. Auf allen anderen Linien ist um ca. 23.30 Uhr Schluss, die U-Bahnen M2, M3 und M4 fahren freitags- und samstagsnachts bis 0.30 Uhr. Danach verkehren bis Betriebsbeginn um etwa 4 Uhr morgens **Nachtbusse.** Die Routen folgen in etwa der Logik der Tageslinien. Die wichtigsten Nachtlinien der Innenstadt sind die 907/973, die auf der Strecke der Buslinie 7 verkehrt, die Linie 931, die von der Margarethenbrücke kommend vom Westbahnhof auf der Route der U-Bahn M3 bis zum Deák Ferenc tér und von dort entlang der M2 Richtung Ostbahnhof fährt, sowie die 979, die den Heldenplatz via Andrássy út mit dem Deák Ferenc tér verbindet und von dort aus Richtung Süden auf der Strecke der U-Bahn M3 weiterfährt. Die Nachtbusse fahren von den normalen Bus- oder Straßenbahnhaltestellen ab und können mit Einzelfahrscheinen und Zeitkarten genutzt werden.

Fahrkarten

Die Budapester Verkehrsbetriebe bieten **Einzelfahrscheine** und Zeitkarten an. Man bekommt sie an den Automaten sowie an den BKK-Schaltern in den U-Bahn-Stationen und an Kiosken. Die Automaten nehmen Forint (Scheine und Münzen) sowie Kreditkarten. Da immer wieder betrügerische Manipulationen am Bargeldschlitz der Automaten vorkommen, sollte nach Möglichkeit mit Karte gezahlt werden. In den Fahrzeugen können keine Fahrscheine gekauft werden (Ausnahme sind einige Busse und Obusse, wo dies an der Fahrerkabine vermerkt ist), von daher sollte man sich **rechtzeitig mit Fahrkarten eindecken.**

Ein Einzelfahrschein *(vonaljegy)* kostet derzeit 350 Ft (beim Busfahrer 450 Ft). Eine Sparmöglichkeit bieten Fahrscheinhefte *(gyűjtőjegy)*, die zu einem Preis von 3000 Ft zehn Einzelfahrscheine beinhalten. Daneben gibt es ein Umsteigeticket *(átszállójegy)* für 530 Ft, mit dem man einmal umsteigen kann, sowie die nur in der U-Bahn gültige Kurzstreckenkarte für bis zu drei Stationen (*metrószakaszjegy*, 300 Ft).

Die Fahrscheine müssen beim Einstieg in ein Fahrzeug (beziehungsweise an den Rolltreppen der U-Bahn) entwertet werden. Wichtig ist, dass man **mit Einzelfahrscheinen nicht umsteigen** darf! Bei jedem Einstieg in ein neues Fahrzeug muss ein neuer Fahrschein entwertet werden. Eine Ausnahme bildet lediglich die U-Bahn, hier muss man beim Umsteigen zwischen den U-Bahn-Linien nicht noch einmal entwerten.

Da das Hantieren mit den Einzeltickets nicht nur nervig, sondern auf Dauer auch ziemlich teuer werden kann, empfehlen sich **Zeitkarten.** Hier werden Tickets für 24 beziehungsweise 72 Stunden (*24/72 órás jegy*, 1650 bzw. 4150 Ft) sowie für eine oder zwei Wochen (*hetijegy* bzw. *kétheti bérlet*, 4950 bzw. 6300 Ft) angeboten. Es gibt auch ein Fahrscheinheft mit fünf 24-Stunden-Tickets *(5/30 napijegy)*, die an fünf beliebigen Tagen innerhalb von 30 Tagen verwendet werden können, allerdings darf ein Fahrscheinheft nicht gleichzeitig von mehreren Personen benutzt werden. Darüber hinaus gibt es auch noch Monatskarten *(havibérlet)* für 9500 Ft und eine für Gruppen lohnenswerte 24-Stunden-Gruppenkarte *(csoportos 24 órás jegy)* für bis zu fünf Personen, die 3300 Ft kostet. Bei den Zweiwochen- und Monatskarten muss die Nummer des Personalausweises beim Kaufvorgang am Automaten eingetippt bzw. beim Kauf am Schalter in das Feld unter dem Datum eingetragen werden. Zeitkarten müssen nicht extra entwertet werden.

Fahrkartenkontrolleure kommen stets in Zivil und tragen einen Dienstausweis sowie eine Armbinde mit der Aufschrift „BKK“. Zusätzlich wird an den Rolltreppen der U-Bahn kontrolliert. Das Bußgeld für Fahren ohne Fahrschein beträgt 8000 Ft bei Barzahlung an Ort und Stelle und 16.000 Ft bei Überweisung.

Kinder bis 6 Jahre benötigen keinen Fahrschein für den öffentlichen Nahverkehr. Auch **EU-Bürger ab 65 Jahren** fahren in öffentlichen Verkehrsmitteln grundsätzlich gratis. Ausgenommen sind die Standseilbahn ins Burgviertel und der Sessellift am János-Berg. Bei Kontrollen muss der Personalausweis gezeigt werden. Die Regelung wird in der Öffentlichkeit kontrovers diskutiert und wird möglicherweise geändert werden. Bitte auf jeden Fall an den Fahrkartenschaltern vor Ort aktuelle Infos darüber einholen, um unliebsame Überraschungen zu vermeiden.

Taxi

Taxifahren ist in Budapest ein **riskantes Vergnügen:** Kontrollen der Stadtverwaltung ergaben, dass rund ein Drittel der Taxifahrer versucht, seine Fahrgäste zu betrügen. Die Dunkelziffer dürfte bei auswärtigen Besuchern, die der ungarischen Sprache nicht mächtig sind, noch einmal deutlich höher sein. Die Palette an Trickssereien beginnt bei ungültigen alten Geldscheinen als Rückgeld und hört bei manipulierten Taxametern noch lange nicht auf. Deswegen gilt: Man sollte als Budapest-Besucher nur mit dem Taxi fahren, wenn es gar nicht anders geht. Insbesondere sollte man Fahrzeuge meiden, die kein Firmenlogo auf der Seitentür haben, sondern den Schriftzug „Független szolgáltató/Freelancer“. Der gesetzlich festgelegte Fahrpreis beträgt 700 Ft Grundgebühr und zusätzlich 300 Ft pro Kilometer. Diese Preise werden auf dem Papier von allen Taxiunternehmen einheitlich verwendet.

Taxis sind knallgelb lackiert. Beim Einsteigen muss man darauf achten, dass der Taxameter eingeschaltet wird. Bezahlt wird mit Forint. Wer mit Karte oder in Euro zahlen möchte, sollte das vor der Fahrt angeben. Das **Trinkgeld** beträgt rund 10 %.

Die folgenden zwei Taxiunternehmen gehören zu den einigermaßen vertrauenswürdigen (bei den Telefonnummern jeweils die Budapester Vorwahl 06 1 vorwählen, s. S. 116). In den Leitzentralen wird in der Regel Englisch gesprochen:

› **Citytaxi:** Tel. 2111111, www.citytaxi.hu
› **Bolt:** Tel. 4445154, www.bolt.eu/cities/budapest

Bei Citytaxi kann man ein Taxi per Telefon bestellen, Bolt bietet eine praktische App, bei der man direkt sieht, wo sich das nächste verfügbare Fahrzeug befindet.

Wetter und Reisezeit

In Budapest gibt es zu **jeder Jahreszeit** etwas zu entdecken. Im Sommer kann man sich in den Straßencafés und Parks die Sonne ins Gesicht scheinen lassen oder beim Sziget-Festival (s. S. 84) abrocken. Der Frühling und der Herbst bieten unzählige kleinere und größere Festivals zwischen Kultur und Kulinarik, im oftmals schmuddeligen Winter locken die Thermalbäder (s. S. 82).

Die **klimatisch beste Reisezeit** sind der Frühling, wenn auf dem Gellért-Berg und am Pester Donauufer die Bäume blühen, und der Herbst, der bis weit in den Oktober hinein sonnig ist, wenn im deutschen Sprachraum schon Nieselregen und Nebel das Zepter schwingen. Im **Sommer** kann es staubig und **sehr heiß** werden. 40–45 Grad bis zum späten Abend sind in den Straßenschluchten der Innenstadt dann nichts Ungewöhnliches, und viele Fahrzeuge des öffentlichen Verkehrs sind nicht klimatisiert. In dieser Zeit ist auch mit starken Gewittern zu rechnen.

› *Stadtbummel in Budapests Nachbarstadt Szentendre* 39

Durchschnitt	Wetter in Budapest											
	Jan	Febr	März	Apr	Mai	Juni	Juli	Aug	Sept	Okt	Nov	Dez
Maximale Temperatur	1°	5°	10°	16°	21°	24°	27°	26°	22°	16°	8°	3°
Minimale Temperatur	-4°	-2°	2°	6°	11°	14°	15°	15°	12°	7°	2°	-2°
Regentage	7	6	6	6	8	8	7	6	5	5	7	7

ANHANG

122bp Abb.: gk

Kleine Sprachhilfe Ungarisch

Die Aussprache des Ungarischen folgt zwei einfachen Grundregeln, von denen es keine Ausnahmen gibt: Jedes Wort wird auf der ersten Silbe betont. Jeder Buchstabe hat nur eine einzige Aussprache.

Vokale

a	zwischen „a“ und „o“
á	wie in **Staat**
e	wie in **lecker**
é	wie in **Meer**
i	wie in **mit**
í	wie in **hier**
o	wie in **Loch**
ó	wie in **hoch**
ö	wie in **möchte**
ő	wie in **Möhre**
u	wie in **Mund**
ú	wie in **Mut**
ü	wie in **Müller**
ű	wie in **Mühle**

Konsonanten

c	wie in **Z**imt
r	„Zungenspitzen-r“
s	wie in **Sch**iff
v	wie in **W**asser
z	wie in **S**onne

Die anderen einfachen Konsonanten werden ungefähr wie im Deutschen gesprochen.

Digraphen

Digraphen bestehen aus zwei Buchstaben, werden aber als ein Laut gesprochen.

cs	wie in **Tsch**eche
dz	wie „ds“
dzs	wie im italienischen Buon**gi**orno
gy	wie „dj“
ly	wie „j“
ny	wie in Co**gn**ac
sz	wie in Me**ss**er
ty	wie in An**tj**e
zs	wie in **J**ournalist

Zahlen

1	*egy*
2	*kettő*
3	*három*
4	*négy*
5	*öt*
6	*hat*
7	*hét*
8	*nyolc*
9	*kilenc*
10	*tíz*
11	*tizenegy*
12	*tizenkettő*
20	*húsz*
21	*huszonegy*
22	*huszonkettő*
30	*harminc*
31	*harmincegy*
32	*harminckettő*
40	*negyven*
50	*ötven*
60	*hatvan*
70	*hetven*
80	*nyolcvan*
90	*kilencven*
100	*száz*
101	*százegy*
110	*száztíz*
111	*száztizenegy*
200	*kétszáz*
300	*háromszáz*
1000	*ezer*
2000	*kétezer*
3000	*háromezer*

+++ Die wichtigsten Wörter mit dem Bonus-Audiotrack des Kauderwelsch-

Wochentage

Montag	*hétfő*
Dienstag	*kedd*
Mittwoch	*szerda*
Donnerstag	*csütörtök*
Freitag	*péntek*
Samstag	*szombat*
Sonntag	*vasárnap*

Notfälle

Achtung!/Hilfe!	*Vigyázat!/Segítség!*
Apotheke	*gyógyszertár, patika*
Arzt/Zahnarzt	*orvos/fogorvos*
Krankenwagen	*mentő*
Krankenhaus	*kórház*
Polizei	*rendőrség*
Feuerwehr	*tűzoltóság*

Begrüßung und Verabschiedung

Guten Morgen!	*Jó reggelt!*
Guten Tag!	*Jó napot!*
Guten Abend!	*Jó estét!*
Gute Nacht!	*Jó éjszakát!*
Auf Wiedersehen!	*Viszontlátásra.* (Kurzform: *Viszlát.*)
Hallo!/Tschüss! (unter guten Bekannten und unter jungen Leuten)	*Szia!* (Singular)/*Sziasztok!* (Plural) oder *Helló!*

Redewendungen

Ja	*Igen*
Nein	*Nem*
Danke	*Köszönöm*
Vielen Dank	*Köszönöm szépen*
Entschuldigung	*Elnézést*
Ich heiße ...	*... vagyok*
Wie geht's?	*Hogy van?* (Siezen), *Hogy vagy?* (Duzen)
Danke, gut.	*Köszönöm, jól.*
Guten Appetit!	*Jó étvágyat!*
Sprechen Sie Deutsch?	*Beszél németül?*
Ich spreche kein Ungarisch.	*Nem beszélek magyarul.*
Ich verstehe (nicht).	*(Nem) értem.*
Ich bin Deutscher/Österreicher/Schweizer.	*Német/osztrák/svájci vagyok.* (für beide Geschlechter)
Deutschland	*Németország*
Österreich	*Ausztria*
Schweiz	*Svájc*
Ungarn	*Magyarország*
Ich hätte gern (ein) ...	*Kérnék (egy) ...*
Wie viel ...?	*Mennyi ...?*
Wie viele ...?	*Hány ...?*
Wie viel kostet ...?	*Mennyibe kerül ...?*
Wo ist/liegt ...?	*Hol van ...?*

AusspracheTrainers auf PC oder Smartphone lernen (siehe Umschlag hinten) +++

Was bedeutet ...?	*Mit jelent ...?*
Wie heißen Sie?	*Hogy hívják?*
Wie heißt du?	*Hogy hívnak?*
In welche Richtung ist/liegt ...?	*Merre van ...?*
Wie viel Uhr ist es?	*Hány óra van?*
Ich habe mein(e) ... verloren.	*Elvesztettem a ...*

Zeitangaben

Ein Uhr	*Egy óra*
Zwei Uhr	*Két óra*
Halb zwei	*Fél kettő*
Viertel nach eins	*Negyed kettő (wörtlich „Viertel Zwei")*
Viertel vor zwei	*Háromnegyed kettő („Dreiviertel zwei")*
heute	*ma*
morgen	*holnap*
gestern	*tegnap*
Minute/Stunde	*perc/óra*
Tag/Woche	*nap/hét*
Monat/Jahr	*hónap/év*
morgens	*reggel*
vormittags	*délelőtt*
mittags	*délben*
nachmittags	*délután*
abends	*este*
nachts	*éjszaka*

Unterwegs

geradeaus	*egyenesen*
(nach) links	*bal(ra)*
(nach) rechts	*jobb(ra)*
zurück	*vissza*
Straße	*utca*
Ringstraße	*körút*
Platz	*tér*
U-Bahn	*metró*
Straßenbahn	*villamos*
Bus	*busz*
Obus	*troli*
Haltestelle	*megálló*
Fahrkarte	*jegy*
Zug	*vonat*
Bahnhof	*pályaudvar* (Abkürzung: pu.)
Flughafen	*repülőtér*
Gepäck	*poggyász*
Norden	*észak*
Süden	*dél*
Osten	*kelet*
Westen	*nyugat*

Einkaufen

geöffnet	*nyitva*
geschlossen	*zárva*
Markthalle	*vásárcsarnok*
Supermarkt	*ABC (Buchstaben einzeln gesprochen), közért*
Geschäft, Laden	*bolt*
Einkaufszentrum	*pláza*
Kleidung	*ruha*
Schuhe	*cipő*
Preis	*ár*
(zu) groß	*(túl) nagy*
(zu) klein	*(túl) kicsi*

Restaurant

Restaurant	*étterem, vendéglő*
Frühstück	*reggeli*
Mittagessen	*ebéd*
Abendessen	*vacsora*
Speisekarte	*étlap*
Toilette	*mosdó, WC*
Herren	*férfi*
Damen	*női*
Rechnung	*számla*

Register

Budapest mit PC, Smartphone & Co.

QR-Code auf dem Umschlag scannen oder **www.reise-know-how.de/citytrip/budapest20** eingeben und die **kostenlose Web-App** aufrufen (Internetverbindung zur Nutzung nötig)!

- ★ **Anzeige der Lage und Satellitenansicht aller** beschriebenen Sehenswürdigkeiten und touristisch wichtigen Orte
- ★ **Routenführung** vom aktuellen Standort zum gewünschten Ziel
- ★ **Exakter Verlauf** des empfohlenen Stadtspaziergangs
- ★ **Audiotrainer** der wichtigsten Wörter und Redewendungen
- ★ **Updates** nach Redaktionsschluss

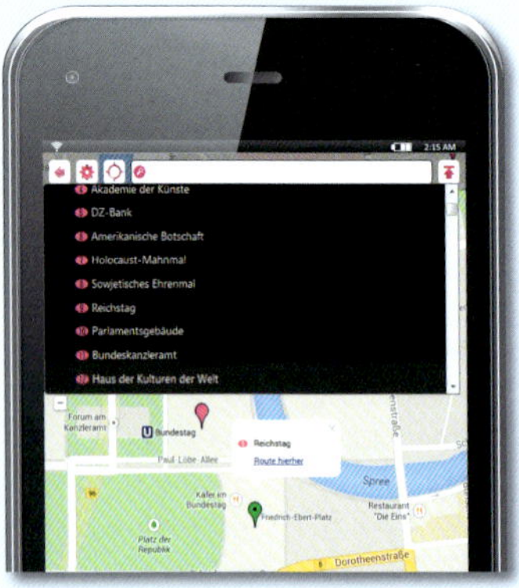

GPS-Daten zum Download

Die GPS-Daten aller Ortsmarken und des Spaziergangs können hier geladen werden: www.reise-know-how.de, dann das Buch aufrufen und zur Rubrik „Datenservice" scrollen.

Stadtplan für mobile Geräte

Um den Stadtplan auf Smartphones und Tablets nutzen zu können, empfehlen wir die App „Avenza Maps" der Firma Avenza™. Der Stadtplan wird aus der dieser App heraus geladen und kann dann mit vielen Zusatzfunktionen genutzt werden.

Unsere App-Empfehlungen zu Budapest

- **Film Destination Budapest:** Budapest ist einer der beliebtesten Drehorte für Hollywood-Produktionen in Europa. Diese aufwendige App führt den Nutzer zu den Drehorten. Man kann auch nach bestimmten Filmen oder Schauspielern suchen oder sich individuelle Spaziergänge zusammenstellen lassen (kostenlos für Android und iOS).
- **BKK Futár:** nützlicher Reiseplaner der Budapester Verkehrsbetriebe (kostenlos für Android und iOS)
- **SmartCity Budapest:** Routenplaner für ÖPNV und Straßenverkehr (kostenlos für Android und iOS).
- **Artlocator:** Guide für Events und Ausstellungen im Bereich zeitgenössische Kunst (kostenlos für Android und iOS).

Der Autor

Gergely Kispál wurde 1980 in Budapest geboren und zog im Alter von 5 Jahren mit seinen Eltern in die Bundesrepublik Deutschland. Während der Jahre entwickelte er eine intensive Leidenschaft und Neugier für seine Geburtsstadt, die er oft besuchte. Nach seinem Studium in der Schweiz entschied er sich 2006, nach Budapest zurückzukehren.

Seither hat er als Stadtführer mehreren Tausend ausländischen Gästen die seiner Meinung nach schönste Stadt der Welt gezeigt. In Artikeln, Vorträgen und Trainings beleuchtet er die Hintergründe der ungarischen Kultur. Gergely Kispál lebt in Budapest.

Schreiben Sie uns

Dieses Buch ist gespickt mit Adressen, Preisen, Tipps und Daten. Unsere Autoren recherchieren unentwegt und erstellen alle zwei Jahre eine komplette Aktualisierung, aber auf die Mithilfe von Reisenden können sie nicht verzichten. Darum: Teilen Sie uns bitte mit, was sich geändert hat oder was Sie neu entdeckt haben. Gut verwertbare Informationen belohnt der Verlag mit einem Sprachführer Ihrer Wahl aus der Reihe „Kauderwelsch".

Kommentare übermitteln Sie am einfachsten, indem Sie die Web-App zum Buch aufrufen (siehe Umschlag hinten) und die Kommentarfunktion bei den einzelnen auf der Karte angezeigten Örtlichkeiten oder den Link zu generellen Kommentaren nutzen. Wenn sich Ihre Informationen auf eine konkrete Stelle im Buch beziehen, würde die Seitenangabe uns die Arbeit sehr erleichtern. Unsere Kontaktdaten entnehmen Sie bitte dem Impressum.

Impressum

Gergely Kispál

CityTrip Budapest

5., neu bearbeitete und aktualisierte Auflage 2020

ISBN 978-3-8317-3319-4

Druck und Bindung:
mediaprint solutions GmbH, Paderborn

Herausgeber: Klaus Werner
Layout: amundo media GmbH (Umschlag, Inhalt), Peter Rump (Umschlag)
Lektorat: amundo media GmbH
Karten: Ingenieurbüro B. Spachmüller, amundo media GmbH
Anzeigenvertrieb: KV Kommunalverlag GmbH & Co. KG, Alte Landstraße 23, 85521 Ottobrunn, Tel. 089 928096-0, info@kommunal-verlag.de
Kontakt: Osnabrücker Str. 79, 33649 Bielefeld, info@reise-know-how.de

---

Bildnachweis

Umschlagvorderseite: stock.adobe.com © Comofoto | Umschlagklappe rechts: Magyar Turizmus Zrt. | Seite 2: Fotolia.com by adobe © piccaya
Soweit ihre Namen nicht vollständig am Bild vermerkt sind, stehen die Kürzel an den Abbildungen für die folgenden Fotografen, Firmen und Einrichtungen. Gergely Kispál: gk | fotolia.com by adobe: fo | Magyar Turizmus Zrt.: mt | stock.adobe.com: as

Liste der Karteneinträge

Hier nicht aufgeführte Nummern liegen außerhalb der abgebildeten Karten. Ihre Lage kann aber wie die von allen Ortsmarken im Buch mithilfe der Web-App angezeigt werden (s. S. 136).

Budapest, Öffentliche Verkehrsmittel

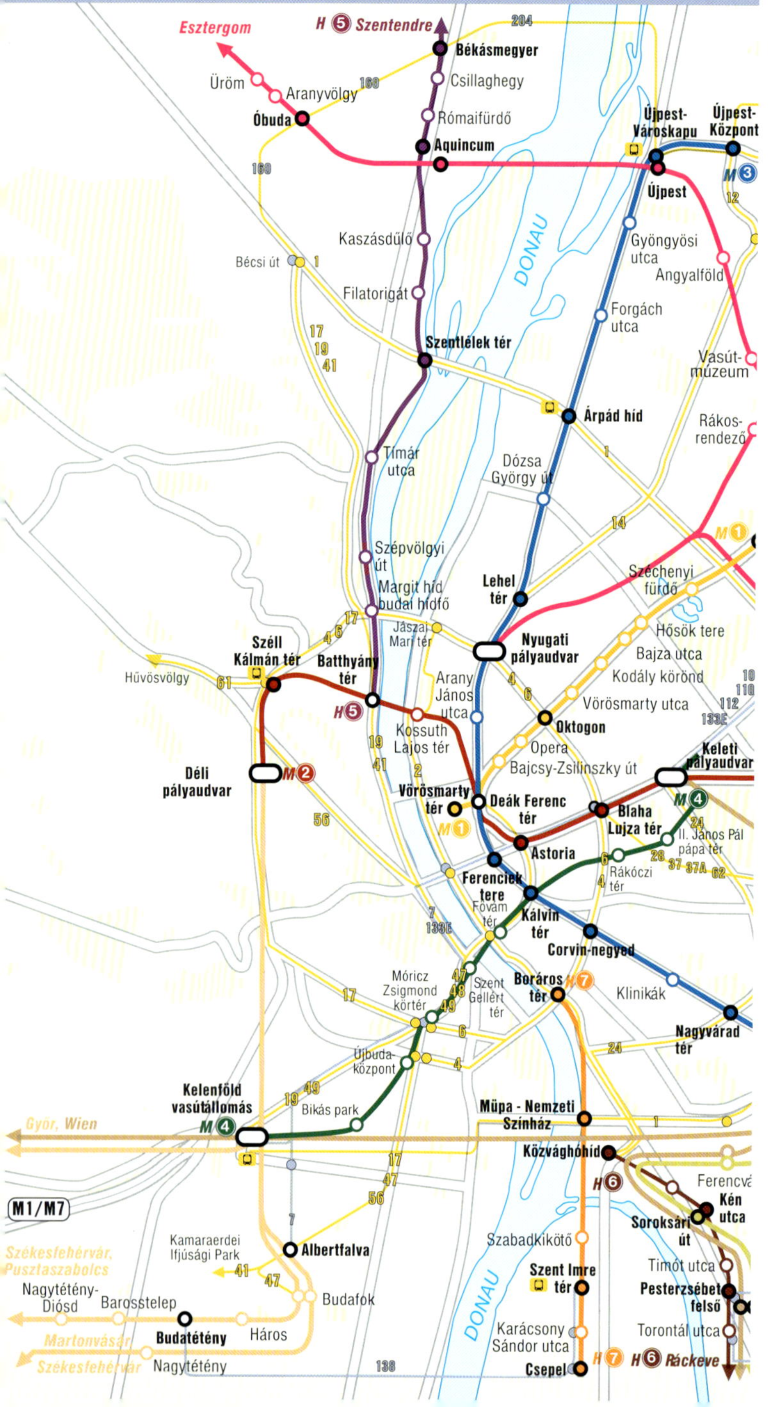

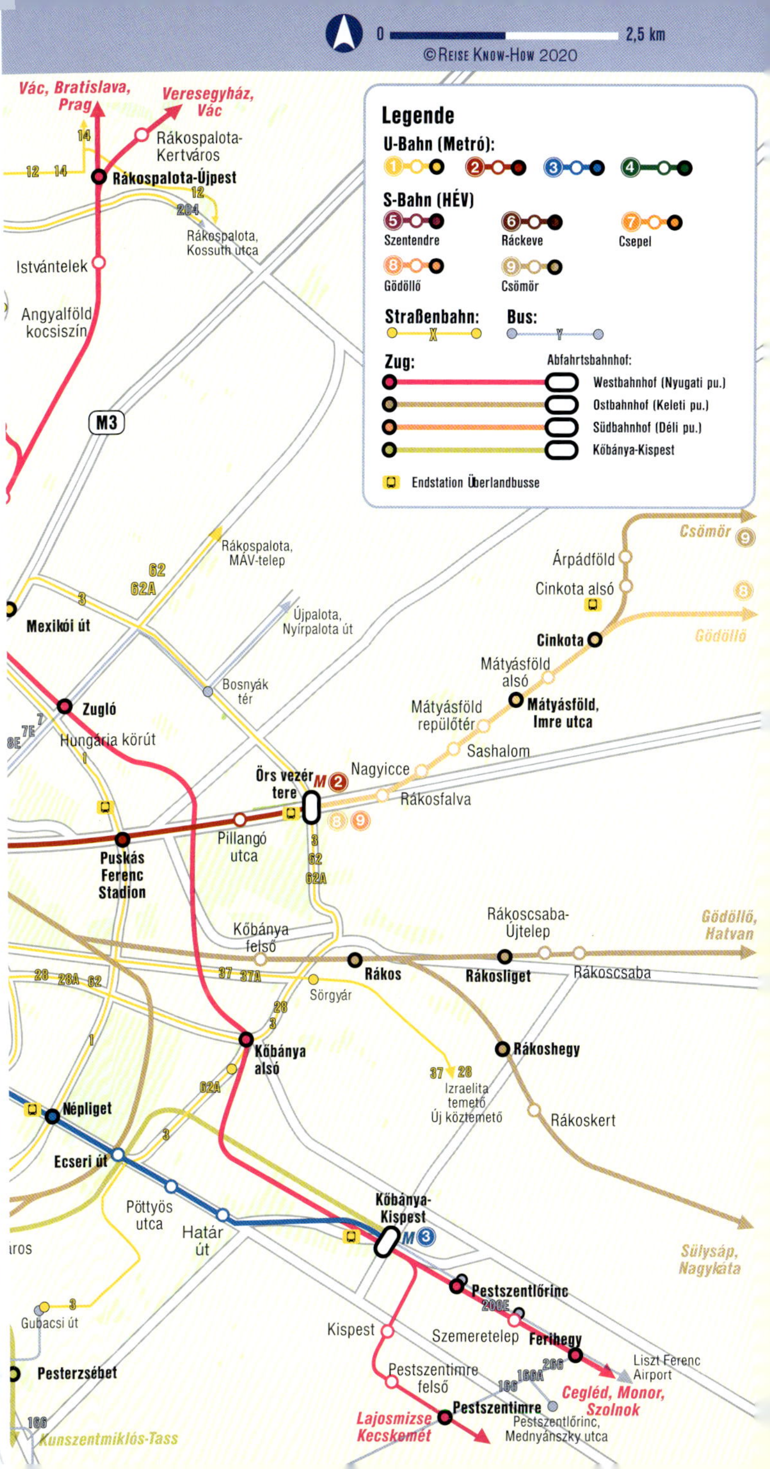
0
2,5 km
©Reise Know-How 2020
Legende
U-Bahn (Metró):
S-Bahn (HÉV)
Szentendre
Ráckeve
Csepel
Gödöllő
Csömör
Straßenbahn:
Bus:
Zug:
Abfahrtsbahnhof:
Westbahnhof (Nyugati pu.)
Ostbahnhof (Keleti pu.)
Südbahnhof (Déli pu.)
Kőbánya-Kispest
Endstation Überlandbusse
Vác, Bratislava, Prag
Veresegyház, Vác
Rákospalota-Kertváros
Rákospalota-Újpest
Rákospalota, Kossuth utca
Istvántelek
Angyalföld kocsiszín
M3
Rákospalota, MÁV-telep
Újpalota, Nyírpalota út
Mexikói út
Bosnyák tér
Zugló
Hungária körút
Örs vezér tere
Nagyicce
Rákosfalva
Sashalom
Mátyásföld repülőtér
Mátyásföld alsó
Mátyásföld, Imre utca
Cinkota
Cinkota alsó
Árpádföld
Csömör
Gödöllő
Pillangó utca
Puskás Ferenc Stadion
Kőbánya felső
Rákos
Rákosliget
Rákoscsaba-Újtelep
Rákoscsaba
Gödöllő, Hatvan
Sörgyár
Kőbánya alsó
Rákoshegy
Izraelita temető
Új köztemető
Rákoskert
Népliget
Ecseri út
Pöttyös utca
Határ út
Kőbánya-Kispest
Sülysáp, Nagykáta
Pestszentlőrinc
Szemeretelep
Ferihegy
Liszt Ferenc Airport
Kispest
Pestszentimre felső
Pestszentimre
Cegléd, Monor, Szolnok
Pestszentlőrinc, Mednyánszky utca
Lajosmizse, Kecskemét
Gubacsi út
Pesterzsébet
Kunszentmiklós-Tass

Zeichenerklärung

- Hauptsehenswürdigkeit
- [L6] Verweis auf Planquadrat im City-Faltplan

- Arzt, Apotheke, Krankenhaus
- Bar, Bistro, Klub, Treffpunkt
- Bibliothek
- Biergarten, Kneipe, Pub
- Café
- Denkmal
- Fischlokal
- Friedhof
- Galerie
- Geschäft, Kaufhaus, Markt
- Hotel, Unterkunft
- Hostels, Apartmenthäuser
- Imbiss
- Informationsstelle
- Kirche
- Moschee
- Museum
- Musikszene, Disco, Tanz
- Parken
- Post
- Restaurant
- Sport-/Spieleinrichtung
- Sonstiges
- Synagoge
- Theater
- Schwimmbad
- Sehenswürdigkeit
- Weinstube
- S-Bahn (HÉV)
- Straßenbahn (Villamos)
- U-Bahn, Metro

- Stadtspaziergang (s. S. 12)
- Shoppingareale
- Gastro- und Nightlife-Areale

Benutzungshinweise

Bewertung der Sehenswürdigkeiten

★★★ nicht verpassen
★★ besonders sehenswert
★ wichtig für speziell interessierte Besucher

[A1] Planquadrat im Kartenmaterial. Orte ohne diese Angabe liegen außerhalb unserer Karten. Ihre Lage kann aber wie die von allen Ortsmarken mithilfe der begleitenden Web-App angezeigt werden (s. S. 136).

Adressen und Telefonnummern

Geläufige Bezeichnungen in **Adressen** sind utca (u., Gasse), út (Straße), tér (Platz) und körút (krt., Ring). Budapester Adressen bestehen aus der Nummer des Stadtbezirks in römischen Ziffern, der Straße und der Hausnummer. Also zum Beispiel: VIII. Baross utca 32.

Festnetznummern sind in diesem Buch stets ohne Vorwahl angegeben. Man wählt als Vorwahl vor der Rufnummer 0036 1 für Budapest. **Handynummern** sind hingegen mit Vorwahl angegeben.

Haltestellen

Wenn bei Sehenswürdigkeiten, Geschäften etc. Haltestellen für öffentliche Verkehrsmittel angegeben sind, handelt es sich immer um die **am nächsten gelegene Haltestelle.**

Budapest verfügt über ein sehr engmaschiges ÖPNV-Netz mit vielen verschiedenen Verkehrsmitteln, sodass sich unter Umständen mehrere Haltestellen im näheren Umkreis befinden.